TODO SOBRE EL AMOR

bell hooks

TODO SOBRE EL AMOR

Nuevas perspectivas

Traducción de María José Viejo

PAIDÓS Contextos

Hooks, Bell
Todo sobre el amor / Bell Hooks. - 1a ed. 1a reimp. -
Ciudad Autónoma de Buenos Aires : Paidós, 2023.
256 p. ; 23 x 15 cm.

Traducción de: María José Viejo Pérez.
ISBN 978-950-12-9998-4

1. Feminismo. I. Viejo Pérez, María José, trad. II. Título.
CDD 305.4201

Título original: *All About Love*
Publicado por acuerdo con William Morrow, un sello editorial
de HarperCollins Publishers

1ª edición: abril de 2021
1ª reimpresión: febrero de 2023

Paidós es un sello editorial de Editorial Planeta, S. A.
Avda. Diagonal, 662-664
08034 Barcelona, España
www.paidos.com
www.planetadelibros.com

Publicado bajo su sello Paidós®
Av. Independencia 1682, C1100ABQ, C.A.B.A.
info@ar.planetadelibros.com
www.paidosargentina.com.ar

ISBN 978-950-12-9998-4
700 ejemplares
Impreso en Boldt Impresores,
Pinzón 925, Ciudad Autónoma de Buenos Aires,
en el mes de febrero de 2023

Queda hecho el depósito que previene la ley 11.723
Impreso en Argentina - Printed in Argentina

la primera carta de amor que escribí te la envié a ti, anthony. y este libro también lo he escrito para hablarte a ti de todo lo relativo al amor. tú has sido mi oyente más íntimo, anthony, y siempre te querré. en el cantar de los cantares hay un pasaje que dice: «encontré a aquel a quien mi alma ama. me así a él y no lo dejé marchar». se trata de no rendirse, de volver a conocer ese momento de arrebato, de reconocimiento en el que podemos estar frente a frente como realmente somos, despojados de todo artificio y falsedad, desnudos y sin vergüenza.

SUMARIO

PREFACIO

De niña estaba convencida de que una vida sin amor no valía la pena. Ojalá pudiera decir que llegué a esa conclusión porque tenía amor a raudales, pero fue precisamente la carencia de amor lo que hizo que me percatara de lo importante que era. Para mi padre, yo fui su primera hija. Cuando nací me trataron con cariño, con un profundo afecto, y eso me hizo sentir que mi presencia era importante en este mundo y en mi hogar. No recuerdo cuándo dejé de sentirme amada. Todo lo que sé es que un día dejé de ser apreciada y valorada. Las personas que al principio me habían querido se alejaron de mí. La pérdida de su reconocimiento y de su consideración me rompió el corazón, y esa herida tan profunda me dejó aniquilada.

Me sentía abrumada por el dolor y la tristeza. No sabía qué había hecho mal. Y ninguna de mis tentativas por arreglarlo surtió efecto. No existía en mi vida ninguna otra conexión que pudiera curar la herida de ese primer abandono, de esa expulsión del paraíso del amor. Durante años viví en un estado de parálisis, atrapada por el pasado, incapaz de avanzar hacia el futuro. Como todos los niños que han sufrido algún daño, lo único que quería era regresar al paraíso de mis recuerdos, para volver al momento en el que me había sentido amada y había experimentado un sentido de pertenencia.

No hay forma de volver atrás. Ahora lo sé. Lo único que podemos hacer es seguir adelante. Podemos encontrar el amor que anhelamos, pero antes es preciso haber dejado de sufrir por el amor que perdimos hace tiempo, cuando éramos pequeños y no teníamos aún voz para expresar los deseos de nuestro corazón. Al mirar al pasado, me doy cuenta de que todos los años que viví pensando que buscaba el amor los dediqué a tratar de recuperar lo que había perdido, para volver al seno materno, a la dicha del primer amor. No estaba preparada para amar y ser amada en el presente. Todavía lloraba por el paraíso que había perdido, todavía me aferraba a los sueños rotos de mi infancia, a los lazos que se habían disuelto. Solo pude volver a amar cuando ese duelo terminó.

Al despertar de ese estado de trance, me sorprendió descubrir que el mundo en el que vivía, el mundo del presente, ya no era un mundo abierto al amor. Todo lo que el entorno me comunicaba parecía confirmar que la ausencia de amor estaba a la orden del día. Tengo la impresión de que nuestro país le está dando la espalda al amor, y eso me provoca un sufrimiento tan intenso como el que me provocó la pérdida del amor en mi niñez. Al actuar de este modo nos arriesgamos a entrar en algo semejante a un desierto del espíritu, y puede que nunca encontremos el camino de vuelta. Escribo sobre el amor para llamar la atención sobre los riesgos de esta actitud, pero también para reivindicar un retorno al amor. Una vez situado en el lugar que le corresponde, el amor nos devuelve la promesa de la vida eterna. Cuando amamos, podemos dejar que hable nuestro corazón.

INTRODUCCIÓN

Amor: estado de gracia

Podemos hablarle directamente a nuestro corazón. Las culturas antiguas lo saben. Podemos conversar con el corazón como si fuera un buen amigo. En la vida moderna estamos tan ocupados con los quehaceres y pensamientos de cada día que hemos perdido ese arte esencial y ya no somos capaces de encontrar tiempo para charlar con nuestro corazón.

Jack Kornfield

En la pared de la cocina tengo colgadas cuatro fotografías. Son imágenes de un grafiti que vi hace años en un edificio en construcción cuando me dirigía a la Universidad de Yale, donde enseñaba por aquel entonces. Aquella inscripción, pintada en colores brillantes, decía: «Seguimos buscando el amor aun cuando todo parezca perdido». En esa época me acababa de separar de un compañero al que había estado unida durante casi quince años y a menudo una pena infinita me embargaba, como si un inmenso océano de sufrimiento me anegara el corazón y el alma. Sentía continuamente que algo me arrastraba hacia el fondo, que me estaba ahogando, y buscaba algún punto de apoyo que me ayudara a mantenerme a flote, que me permitiera volver a la orilla sana y salva. La frase pintada en aquella pared, acompañada de un dibujo infantil de unos animales de aspecto indefinido, siempre me levantó el ánimo. Cada vez que pasaba por delante del edificio, la afirmación de la posibilidad de amar y ser amado que emanaba de aquella sentencia me infundía esperanza.

El grafiti, firmado por un artista local, me hablaba al corazón. Esa inscripción me decía que su autor estaba pasando por un momento de crisis, enfrentándose a una pérdida o quizás esperándola. Mantuve con él conversaciones imaginarias sobre el amor. Le dije que su alegre grafiti era un salvavidas para mí y que me ayudó a recuperar la confianza en el amor. Le dije que su declaración, la promesa de un amor que esperaba ser encontrado, un amor que yo todavía podía esperar, me ayudó a salir del abismo en el que había caído. Mi sufrimiento era fruto de la profunda y desesperada tristeza que me había causado la separación de un compañero con el que había compartido tantos años de mi vida, pero lo que en realidad me rompía por dentro era el temor de que el amor no existiera, de que fuera imposible encontrarlo, y de que, aunque existiera, oculto quién sabe dónde, yo nunca llegara a conocerlo. ¿Cómo podía seguir creyendo en la promesa del amor cuando, dondequiera que mirase, la seducción del poder, el pánico y el miedo parecían más fuertes que la voluntad de amar?

Un día me dirigía al trabajo, ansiosa por encontrarme de nuevo ante aquella meditación sobre el amor, cuando descubrí para mi sorpresa que la constructora había cubierto la inscripción con una capa de pintura blanca brillante, bajo la cual aún se podían percibir rastros tenues de la pintura original. No hallar lo que se había convertido para mí en un encuentro ritual con la belleza del amor me alteró tanto que le hablé a todo el mundo de mi decepción. Finalmente supe que el grafiti había sido borrado porque las palabras que lo acompañaban se referían a personas seropositivas y quizás el artista era gay. Quizás. O puede que los que habían cubierto la pared con pintura se sintieran amenazados por la confesión pública de un deseo de amor tan intenso que genera la necesidad de hablar de él y de buscarlo a conciencia.

Tras una larga búsqueda pude localizar al artista y reunirme con él para charlar sobre el significado del amor. Hablamos de cómo el arte público puede convertirse en un vehículo para transmitir un mensaje de confianza en la vida. Ambos expresamos nuestro pesar y disgusto por la insensibilidad demostrada por los responsables de la empresa al borrar un mensaje de amor tan poderoso. Como recordatorio, el artista me dio algunas fotografías del grafiti. Y desde entonces, en todas las casas en las que he vivido, las he colgado siempre en la cocina, justo encima del fregadero. Todos los días, cuando bebo un vaso de agua o saco un plato del armario, encuentro ante mis ojos la frase que me recuerda lo mucho que anhelamos el amor y que lo buscamos incluso cuando ya no esperamos que sea realmente posible encontrarlo.

Hoy en día son muy poco frecuentes los debates sobre el amor. La cultura popular es posiblemente el único ámbito en que se habla de nuestro anhelo de amor. Si queremos encontrar expresada nuestra necesidad de amor, tenemos que acudir a las películas, las canciones, las revistas y los libros, pero ya no hay en ellos el mensaje vital de las décadas de 1960 y 1970, ese mensaje que nos impelía a creer que «All you need is love», que «todo lo que necesitas es amor, amor, amor». Ahora, los mensajes más populares son los que proclaman la falta de entidad del amor, su irrelevancia. Un ejemplo significativo de este cambio es la apabullante popularidad de una canción de Tina Turner cuyo título y estribillo declaran audazmente: «What's Love Got to Do with It?» («¿Qué tiene que ver el amor con eso?»). Y cuando pregunté a una conocida rapera sobre el amor, me provocó tristeza, y un hondo temor, que respondiese con un sarcasmo mordaz: «¿Amor? ¿Y eso qué es? Nunca he tenido amor en mi vida».

Los jóvenes de nuestra época se muestran escépticos ante el amor, porque la inmensa mayoría tiene la sensación de que es imposible encontrarlo. En *¿Debemos ser perfectos?*, Harold Kushner expresa esta misma preocupación: «Temo que estemos educando a una generación de jóvenes que tienen miedo al amor, miedo a entregarse por completo, porque saben lo doloroso que es correr el riesgo de amar y que no salga bien. Temo que, cuando sean adultos, vayan en busca de la intimidad sin riesgo, del placer sin una inversión emocional significativa. Tendrán tanto miedo del sufrimiento causado por la decepción que renunciarán a las posibilidades de amor y felicidad que se les ofrecen». Los jóvenes son cínicos respecto al amor. No en vano el cinismo es la máscara tras la que se ocultan los corazones desilusionados y traicionados.

En las conferencias que imparto por todo Estados Unidos sobre cómo acabar con el racismo y el sexismo, el público, en especial los jóvenes, se altera bastante cuando hablo de la posición del amor en cualquier movimiento de justicia social. Aunque en nuestra sociedad todos los grandes movimientos de justicia social han hecho hincapié en la ética del amor, los jóvenes siguen siendo reacios a asumir la idea del amor como motor de transformación. Creen que el amor es para los ingenuos, los débiles, los románticos impenitentes, y ven confirmada su percepción en algunos de los adultos a los que acuden en busca de explicaciones. Tal y como apunta Elizabeth Wurtzel, portavoz de una generación desilusionada, en *Bitch: In Praise of Difficult Women*: «Ninguno de nosotros está aprendiendo a amar mejor; estamos aprendiendo a tener más miedo al amor. No nos han proporcionado las herramientas adecuadas desde el comienzo, y las personas que elegimos tienden solo a reforzar la sensación de que el amor es imposible e inútil». Estas palabras se hacen eco de todo lo que he oído yo misma sobre el amor en una generación anterior.

Siempre que hablo del tema con alguna persona de mi generación se pone nerviosa o tuerce el gesto, sobre todo cuando abordo la falta de amor. Con mis amigos he charlado muchas veces sobre ello, y más de uno me ha sugerido que consulte a un terapeuta. A mí me parece que algunos se han hartado de mi insistencia en el tema y, seguramente, creen que si hablara con un especialista les daría un respiro. Sin embargo, la mayoría de la gente tiene miedo de lo que pueda salir cuando se explora el significado del amor en la vida cotidiana.

Cuando una mujer soltera de cuarenta años plantea la cuestión del amor, la primera suposición, derivada de una forma de pensar sexista, es que está «desesperada» por encontrar un hombre. Nadie cree que tenga un apasionado interés intelectual en el asunto. Nadie percibe su esfuerzo por entender el significado metafísico del amor en la vida cotidiana como el fruto de un compromiso filosófico riguroso. No, todos consideran que está en la senda de la «atracción fatal».

Fue la decepción y una sensación generalizada de infelicidad lo que me llevó a reflexionar a fondo sobre lo que significa el amor en nuestra cultura. El deseo de encontrar el amor no me hizo perder el buen juicio ni la perspectiva, sino que me incitó a pensar más, a debatir acerca del amor y a estudiar qué había en la literatura popular y culta sobre el tema. Al examinar varios ensayos sobre el amor, me sorprendió encontrar que tanto las obras más aclamadas por la crítica como los libros de autoayuda más populares estaban en su mayoría escritos por hombres. Siempre he pensado que, en el campo del amor, son las mujeres las que hacen las aportaciones más ricas y significativas. Y me mantengo firme en esa convicción, aunque soy consciente de que, en la actualidad, las especulaciones teóricas de las mujeres no se toman tan en serio como las reflexiones y escritos de los hombres. Los hombres teorizan sobre el amor; en cambio, las mujeres tienden a conocerlo y ponerlo en práctica. La mayoría de los hombres sienten que reciben amor y, por lo tanto, saben lo que significa ser amado; las mujeres sentimos a menudo un gran anhelo, una profunda necesidad de amor, pero sin verla satisfecha.

En *El pequeño libro del amor,* de Jacob Needleman, las grandes obras sobre el amor comentadas a lo largo del ensayo están todas firmadas por hombres. No hay escritos de mujeres en la bibliografía. Recuerdo que, en mi doctorado en literatura, solo se ensalzó a una mujer como gran sacerdotisa del amor: Elizabeth Barrett Browning, pero se la consideraba una poeta menor. Sin embargo, entre nosotros, hasta el más inculto conocía el primer verso de su soneto más famoso: «How do I love thee? Let me count the ways» («¿De qué modo te amo? Deja que cuente las formas»). Esto sucedía en tiempos prefeministas. Ahora que estamos en la estela del movimiento feminista, hasta Safo es vista como una gran diosa del amor.

En aquella época, sin embargo, en todos los cursos de escritura creativa la poesía de amor que se analizaba era la escrita por hombres. De hecho, el compañero al que dejé después de varios años de relación me había cortejado inicialmente escribiéndome un poema de amor. Siempre había sido bastante cerrado y no estaba muy interesado en el amor, ni como tema de discusión ni en la práctica de la vida cotidiana, pero estaba seguro de que tenía algo significativo que decir al respecto. Por mi parte, creo que todos mis intentos adultos de escribir poemas de amor fueron cursis y patéticos. Cuando trataba de escribir algo sobre el amor, no me venían las palabras. Mis pensamientos parecían sentimentales, tontos y superficiales. Cuando escribía poemas de joven, sentía la misma confianza que más adelante vería solamente en escritores de sexo masculino. Al principio, cuando empecé a escribir poesía, pensé que el amor era el único tema posible, la pasión por antonomasia. El primer poema que publiqué, a los doce años, se titulaba de hecho «Una mirada al amor»; pero a medida que crecí me di cuenta de que las mujeres no tenían nada serio que enseñar al mundo sobre el amor.

Así es como la muerte se convirtió en mi tema favorito. Nadie a mi alrededor, ya fueran profesores o estudiantes, dudaba de la capacidad de una mujer para ser seria a la hora de pensar en la muerte y hablar de ella. Todos los poemas de mi primer libro trataban de la muerte y la agonía. Pero el que abría el libro, «The woman's mourning song» («La canción de dolor de una mujer»), hablaba de la pérdida de un ser querido y de la negativa a aceptar que la muerte destruiría su recuerdo. La reflexión sobre la muerte siempre me ha llevado al tema del amor. No es casualidad que haya empezado a pensar más sobre el significado de este sentimiento tras haber visto morir a amigos, compañeros y conocidos, muchas veces a una edad temprana y de forma inesperada. Al acercarme a los cuarenta me encontré con el miedo al cáncer, tan frecuente hoy en día en la vida de las mujeres que casi se da por sentado; y cada vez que esperaba los resultados de las pruebas, pensaba que no estaba preparada para morir porque no había encontrado aún el amor que mi corazón tanto anhelaba.

Poco después de ese periodo de crisis contraje una grave enfermedad y estuve a punto de morir. Al ver que mi vida corría verdadero peligro, empecé a darle vueltas obsesivamente al significado del amor en la vida y en la cultura contemporánea. Mi trabajo de crítica cultural me permitía seguir de cerca todo lo que los medios de masas —fundamentalmente el cine y la prensa— expresan sobre el amor. Normalmente, los medios de comunicación dicen que todos buscamos el amor, pero que tenemos ideas poco claras sobre cómo experimentarlo en la vida cotidiana. En la cultura popular, el amor es un campo abonado por la fantasía. Quizá por eso la especulación teórica sobre el amor ha estado durante mucho tiempo dominada por los hombres; la fantasía ha sido siempre su terreno, tanto en la esfera de la producción cultural como en la vida cotidiana. La fantasía masculina es vista como capaz de crear una nueva realidad, mientras que la fantasía femenina se considera pura evasión. De ahí que la novela romántica siga siendo el único ámbito en el que las mujeres hablan de amor con cierto grado de autoridad. En cambio, cuando los hombres se apropian del género sentimental, su trabajo recibe mucho más reconocimiento que el de las mujeres. Uno de los ejemplos más significativos de ello es una novela como *Los puentes de Madison*. Si hubiera sido una mujer la que hubiera escrito esta sentimental y superficial historia de amor (en la que, sin embargo, no faltan los elementos emotivos), dudo mucho que hubiera podido convertirse en un éxito tan clamoroso y traspasar los límites tradicionales del género como lo hizo.

Por supuesto, el público que consume libros de amor es mayoritariamente femenino. Sin embargo, el sexismo masculino no basta para explicar por qué hay tan pocos libros de amor —y sobre el amor— escritos por mujeres. Podría decirse que las mujeres están ansiosas por escuchar lo que los hombres tienen que decir sobre el sentimiento amoroso. Una perspectiva sexista puede hacer que una mujer considere que ya sabe lo que va a decirle otra mujer. Es posible que tal lectora piense que puede obtener mucho más leyendo lo que los hombres escriben sobre el tema.

De joven, cuando leía algún libro sobre el amor, no paraba mientes en el género del autor. Como lo que quería era entender de qué hablamos cuando hablamos de amor, lo consideraba un detalle insignificante. Pero cuando me puse a pensar seriamente en el asunto y a escribir sobre él, empecé a preguntarme si había alguna diferencia entre escritores y escritoras.

Revisando la literatura sobre el amor, me di cuenta de que son muy pocos los escritores, sean hombres o mujeres, que hablan de la influencia ejercida por el patriarcado y de cómo la dominación masculina sobre las mujeres y los niños es un obstáculo para el amor. *Crear amor*, de John Bradshaw, es uno de mis libros favoritos. El autor tiene el arrojo de establecer un vínculo entre la supremacía masculina (la institucionalización del patriarcado) y la falta de amor en las familias. Bradshaw, famoso por su obra sobre el «niño interior» —según la cual toda persona lleva en su interior el niño que ha sido—, está convencido de que el fin del patriarcado será un paso importante en el camino del amor. Pero su libro no ha recibido la misma atención y reconocimiento que las obras de otros hombres que escriben sobre el mismo tema sin cuestionar la definición sexista de los roles de género.

Si queremos crear una cultura del amor, debemos realizar cambios profundos en nuestra manera de pensar y de actuar. Los hombres que escriben sobre el amor siempre aseguran que lo han recibido, y hablan desde esa posición, que les da lo que llaman «autoridad». Las mujeres hablan muy a menudo desde una posición de carencia, desde la posición de quienes no han recibido el amor que deseaban.

En la actualidad, una mujer que habla de amor sigue siendo sospechosa. Quizá porque todo lo que una mujer instruida puede decir sobre el tema constituye una amenaza y un desafío directo a las visiones ofrecidas por los hombres. Aprecio lo que los hombres tienen que decir sobre el amor. Me encantan Rumi y Rilke, poetas de género masculino que conmueven con sus palabras. Pero los hombres que escriben de amor suelen hacerlo valiéndose de la fantasía; dejan volar su imaginación y escriben sobre lo que imaginan que es posible en lugar de escribir sobre lo que conocen de verdad. Hoy sabemos que Rilke no escribió como vivió y que, muchas veces, las palabras de amor pronunciadas por los grandes hombres resultan ser engañosas cuando uno las confronta con la realidad. Debo confesar que, por mucho que me siga molestando, he leído y releído el libro de John Gray que se titula *Los hombres son de Marte, las mujeres son de Venus*, pero como tantas otras personas de uno y otro sexo, quiero conocer el verdadero significado del amor, del amor que no es fruto de la fantasía ni de la imaginación. Quiero conocer la verdad del amor tal como lo vivimos.

Muchos de los ensayos de autoayuda sobre el amor escritos en los últimos tiempos por autores de género masculino

—desde *Los hombres son de Marte, las mujeres son de Venus* hasta *Amar y despertar* de John Welwood— adoptan una perspectiva feminista sobre los roles de género; pero, al final, los autores siguen aferrados a unos sistemas conceptuales que sugieren la existencia de diferencias inherentes y profundas entre hombres y mujeres. Sin embargo, todas las pruebas que obran en nuestro poder indican que, si bien es cierto que la perspectiva masculina a menudo difiere de la femenina, estas divergencias se deben a características aprendidas, no a rasgos innatos o «naturales». Si fuera cierto que los hombres y las mujeres son opuestos absolutos que habitan universos emocionales diferentes, los hombres nunca se habrían convertido en la autoridad suprema sobre el amor. Dados los estereotipos de género que atribuyen los sentimientos y la emocionalidad a las mujeres y la racionalidad y la ausencia de emoción a los hombres, los «hombres de verdad» no entablarían jamás un diálogo sobre el amor.

Aunque se considera a los hombres como las «autoridades» reconocidas en el asunto, son muy pocos los que se expresan sin reservas, diciendo claramente lo que piensan sobre el amor. La verdad es que, en la vida cotidiana, tanto hombres como mujeres hablan relativamente poco de ello. El silencio nos protege de la incertidumbre. Queremos saber qué es el amor, pero tememos que el deseo de conocerlo en profundidad nos acerque cada vez más al abismo de su carencia. Y si bien en nuestro país la mayoría de la gente tiene creencias religiosas que proclaman la fuerza transformadora del amor, es igualmente cierto que muchas personas sienten que no tienen ni idea de cómo amar. No es fácil explicar que tu fe se tambalea ante los dictados de la Biblia sobre el arte del amor en la vida cotidiana.

Es mucho más fácil hablar de pérdida que de amor. Es más fácil expresar el sufrimiento que provoca la ausencia de amor que describir su presencia y significado en nuestra vida.

Como nos han enseñado que el conocimiento reside en el cerebro y no en el corazón, muchos de nosotros creemos que, si hablamos de amor con fervor y emoción, se nos considerará individuos débiles e irracionales. Resulta difícil abordar el tema del amor en tales condiciones, especialmente cuando se quiere incidir en que muchas personas no saben lo que quieren decir cuando hablan de amor, o no saben cómo expresarlo.

Todos queremos saber más sobre el amor. Queremos saber lo que significa amar, lo que podemos hacer en nuestra vida cotidiana para amar y ser amados. Queremos saber cómo convencer a los incrédulos para que abran las puertas de su corazón y dejen entrar el amor. Pero la intensidad de este deseo no afecta a la inseguridad de nuestra sociedad sobre el sentimiento amoroso. Todo el mundo asegura que el amor es importante, pero nos bombardean por doquier con muestras de su fracaso. En el ámbito de la política, en la religión, en la familia y en la vida sentimental, no es habitual que el amor influya en nuestras decisiones, que refuerce nuestra idea de comunidad o que nos mantenga unidos; y, sin embargo, esta imagen desalentadora no hace mella en nuestros deseos más profundos. Seguimos esperando que el amor prevalezca. Seguimos creyendo en su promesa.

Tal y como proclamaba el grafiti, hay espacio para la esperanza porque muchos de nosotros seguimos creyendo en el poder del amor. Creemos que es importante conocer el sentimiento amoroso y profundizar en su misterio. Muy a menudo, en el curso de conversaciones privadas y debates públicos, yo misma he señalado, o he oído a otros señalar, la creciente falta de amor que experimentamos en nuestra sociedad y el miedo que este vacío genera en todos nosotros. Este desamparo va acompañado de una actitud de cinismo e indiferencia, un rechazo a creer que el amor es tan importante como el trabajo, que es tan esencial para la supervivencia de nuestra nación como el deseo de éxito. Es increíble que la sociedad estadounidense, impulsada quizá más que cualquier otra en el mundo por la búsqueda del amor (es el tema principal de nuestro cine, nuestra música, nuestra literatura), ofrezca tan pocas oportunidades de comprender el significado de este sentimiento y de aprender a manifestarlo.

Otra fuerza impulsora que hallamos en nuestro país es la obsesión sexual. No hay ningún aspecto de la sexualidad que no sea estudiado, discutido, demostrado. Hay cursos de introducción a cualquier dimensión de la sexualidad, incluso a la masturbación. Pero no hay escuelas de amor. Se da por sentado que todo el mundo sabe instintivamente cómo amar. Y seguimos considerando que la familia es la primera escuela de amor, aunque todo parece contradecir dicha asunción. Los que no aprenden a amar en la familia también esperan conocer el amor romántico. Pero el amor a menudo se nos escapa, y, de hecho, nos pasamos toda la vida tratando de borrar el daño causado por la crueldad, el abandono y las diversas formas de falta de amor que se experimentan en la familia de origen y en las relaciones sentimentales en las que no sabemos cómo actuar.

Solo el amor puede curar las heridas del pasado; sin embargo, a menudo esas heridas son tan profundas que uno acaba echando el cerrojo al corazón, y parecemos incapaces de dar amor o de aceptar el que se nos da. Para abrir el corazón al poder del amor, para recibir su gracia, debemos tener el valor de admitir que sabemos muy poco sobre el tema, tanto en la teoría como en la práctica. Debemos hacer frente a la confusión y la decepción que provoca el hecho de descubrir que mucho de lo que se nos ha enseñado sobre la naturaleza del amor no tiene sentido cuando se aplica a la vida cotidiana. He escrito las reflexiones que constituyen este libro tras observar la realidad del amor en la vida cotidiana, pensando en cómo amamos y preguntándome qué debemos hacer para que el amor se haga sentir en todas partes.

Todos queremos vivir en una cultura donde el amor pueda florecer. Todos deseamos acabar con la falta de amor que tan extendida está en nuestra sociedad, y por eso este ensayo trata de cómo recuperar el amor. Este libro presenta nuevas y radicales formas de pensar el arte del amor, al tiempo que ofrece una perspectiva esperanzadora y alegre de la fuerza transformadora de este. Reuniendo cuanto se sabe sobre este sentimiento, podremos saber qué debemos hacer para ser tocados por la gracia del amor.

CAPÍTULO 1

Claridad: el vocabulario del amor

Como sociedad, estamos desconcertados ante el amor. Lo tratamos como si fuera una obscenidad y lo aceptamos de mala gana. Incluso al pronunciar la palabra se producen tartamudeos y rubores. [...] El amor es lo más importante de nuestra vida, una pasión por la que lucharíamos o moriríamos, y, aun así, nos cuesta incluso mencionar su nombre. Ni siquiera podemos hablar o pensar sobre él directamente, necesitamos un vocabulario suplementario.

Diane Ackerman

Todos los hombres con los que he mantenido relaciones eran de los que utilizan la palabra «amor» con prudencia, porque no les gusta emplearla a la ligera, ya que están convencidos de que las mujeres conceden demasiada importancia a este sentimiento. Saben, además, que el significado que ellos atribuyen al amor no siempre coincide con el nuestro. La confusión sobre el significado que hay que dar a la palabra «amor» está en el origen de nuestra dificultad para amar. Si todos en nuestra sociedad entendiéramos el amor de la misma manera, el acto de amar no sería tan problemático. Las definiciones que proporciona el diccionario tienden a resaltar el amor romántico, describiéndolo sobre todo como «un afecto profundo, tierno y apasionado hacia otra persona, basado primordialmente en la atracción sexual». Existen, desde luego, otras definiciones que informan de que tales sentimientos se pueden experimentar también fuera del campo sexual. Pero la idea de «afecto profundo» no expresa plenamente el significado de este sentimiento.

La mayoría de los libros sobre el tema evitan ofrecer definiciones claras. En la introducción a *Una historia natural del amor*, Diane Ackerman afirma que «el amor es el gran intangible. [...] Todo el mundo coincide en que el amor es maravilloso y necesario, pero nadie puede definir lo que es». Y luego añade tímidamente: «Usamos la palabra "amor" de un modo tan descuidado que puede no significar casi nada, o absolutamente todo». En el libro no aparece nunca una definición realmente útil para quien quiera aprender el arte de amar. Pero Ackerman no es la única que escribe sobre el amor de una manera que impide comprender este sentimiento. Si el propio significado de la palabra está rodeado de misterio, no debería sorprendernos que para la mayoría de la gente sea difícil explicar lo que quiere decir cuando la usan.

Imagina lo fácil que sería aprender a amar si partiéramos de una definición compartida por todos. Según los teóricos más sagaces, los humanos amaríamos mejor si, en vez del sustantivo «amor», empleásemos el verbo «amar». He buscado durante años una definición significativa de la palabra «amor» y debo reconocer que sentí un profundo alivio cuando al fin encontré una en *El camino menos transitado*, un clásico de la autoayuda del psiquiatra M. Scott Peck que apareció en Estados Unidos en 1978. Evocando la conocida obra de Erich Fromm, Peck define el amor como «la voluntad de extender el propio yo para favorecer el crecimiento espiritual de uno mismo o el de otra persona». Y continúa: «El amor está en los gestos y conductas a través de los cuales se expresa. El amor es un acto de la voluntad, es decir que comprende tanto una intención como un acto. La voluntad implica también elección. No estamos obligados a amar. Elegimos hacerlo». Esta definición, amparada en la elección, contradice la idea comúnmente aceptada según la cual el amor sería más bien un acto instintivo.

Quien haya seguido el proceso de crecimiento de un niño desde el momento de nacer habrá observado seguramente que antes de acceder al lenguaje, antes de reconocer a las personas que lo cuidan, el recién nacido responde a la actitud afectuosa de quienes se ocupan de él, devolviéndoles gorjeos o miradas de placer. Al crecer, responde a las muestras de afecto dando también él afecto, haciendo gorgoritos al ver a una persona bienvenida. El afecto, sin embargo, no es el único componente del amor. Para amar de verdad tenemos que aprender a combinar varios elementos: cuidado, afecto, reconocimiento, respeto, compromiso y confianza, amén de una comunicación clara y sincera. Si de niños hemos aprendido una definición errónea del amor, en la vida adulta nos resultará más difícil amar. Empezamos con el compromiso de tomar el camino correcto, pero terminamos yendo en la dirección equivocada. La mayoría de nosotros aprendemos a pensar en el amor como un sentimiento desde el comienzo. Cuando te sientes profundamente atraído por alguien, inviertes sentimientos y emociones en esa persona. El proceso de inversión a través del cual el ser amado se vuelve importante para nosotros se denomina «catexis». En su libro, M. Scott Peck señala que muchos de nosotros «confundimos la catexis con el amor». Todos sabemos cuán frecuente es que las personas que se sienten conectadas por catexis con su pareja afirmen que la aman, aunque en realidad la estén hiriendo o descuidando continuamente. Toman por amor lo que no es más que catexis.

Si por amor entendemos el deseo de fomentar nuestro propio crecimiento espiritual y el de nuestra pareja, queda claro que si la ofendemos y maltratamos, no podemos pretender amarla: el amor y el maltrato no pueden coexistir. El abuso y el abandono son, por definición, lo contrario de la atención y el cuidado. Cuántas veces hemos oído hablar de hombres que golpean a su esposa e hijos y luego van al bar de la esquina y proclaman a voz en cuello lo mucho que los quieren. También puede suceder que la esposa, si hablas con ella en un día bueno, diga que su marido la quiere, aun cuando sea violento. Muchos de nosotros venimos de familias disfuncionales que nos convencieron de que había algo malo en nosotros, nos inculcaron el sentido de la vergüenza, nos sometieron a abusos físicos o verbales y nos descuidaron emocionalmente, mientras al mismo tiempo nos enseñaban a creer que éramos queridos. Para los que hemos vivido algo así sería demasiado desestabilizador asumir una definición de amor que no nos permita verlo como un sentimiento presente en nuestra familia. Somos muchos los que necesitamos aferrarnos a una idea de amor que pueda hacer aceptable el abuso, o que al menos haga que lo que hemos sufrido parezca menos terrible.

Crecí en una familia donde la agresión y la humillación verbal coexistían con montañas de afecto y atención, y me costaba aceptar el término «disfuncional». Como quería y sigo queriendo a mis padres, a mis hermanas y hermano, orgullosos todos de las dimensiones positivas de nuestra vida familiar, no quería emplear un término para describirlos que implicara que nuestra vida juntos había sido solo negativa. No quería que mis padres se sintieran menospreciados, ya que valoraba mucho todas las cosas buenas que nos habían dado. Con ayuda de terapia pude aceptar el término «disfuncional» y utilizarlo para describir, no para hacer juicios completamente negativos. Mi familia de origen ha sido —y sigue siendo— un entorno disfuncional, lo cual no significa que no sea también un lugar donde el afecto, la alegría y la atención hagan su aparición.

Cuando era pequeña podía suceder que un día me cuidaran con cariño, valoraran mi inteligencia y me animaran incluso a cultivarla, y al día siguiente me dijeran que, por ser tan inteligente, me volvería loca y me encerrarían en una institución para enfermos mentales, donde acabaría abandonada por todos. Es natural que esta extraña mezcla de atención y maltrato no haya tenido un efecto positivo en mi salud mental. La verdad es que, si aplicara la definición de Peck a mi experiencia infantil en el seno de mi familia, no podría catalogarla en absoluto como una experiencia de amor.

Cuando en terapia me vi obligada a describir a mi familia según su capacidad de dar o no amor, admití con dolor que en casa no me sentía querida, sino simplemente cuidada. Fuera de casa, sin embargo, me había sentido verdaderamente querida por algunos miembros de la familia, como, por ejemplo, mi abuelo. Esta experiencia de amor auténtico (una combinación de cuidado, compromiso, confianza, conocimiento, responsabilidad y respeto) alimentó mi espíritu herido y me permitió superar los momentos en los que no me sentía querida. Me alegra haberme criado en una familia capaz de cuidarme, y creo firmemente que si mis padres hubieran sido queridos por los suyos, habrían podido hacer lo mismo con sus hijos. En vez de eso, me dieron lo que habían recibido: cuidados. Y no debe olvidarse que el cuidado es solo una dimensión del amor y que el simple hecho de cuidar a alguien no es suficiente para decir que lo amas.

Como muchos adultos que han sido sometidos a un maltrato físico o verbal cuando eran niños, he pasado la mayor parte de mi vida tratando de negar los aspectos negativos de mi experiencia y aferrándome al recuerdo de los buenos momentos pasados con mi familia, algunos de ellos ciertamente maravillosos. Cuanto más lo lograba, menos quería reconocer la verdad sobre mi infancia. A menudo se dice que si hay tantas personas que acusan a sus familias de disfuncionalidad e incapacidad para amar es por culpa de los prolíficos libros de autoayuda y de los programas de curación, pero lo cierto es que, sea cual sea el entorno en el que hayamos crecido, a muchos de nosotros nos cuesta aceptar una evaluación negativa de nuestra historia. Normalmente, para que un individuo comience a examinar sus experiencias de la infancia de forma crítica y a reconocer su influencia en su comportamiento adulto, es necesaria la intervención de un terapeuta, ya sea en forma de una verdadera terapia o de la lectura de libros que nos enseñan e iluminan.

A muchos les cuesta admitir que no puede haber amor donde el abuso y la violencia están a la orden del día. Por regla general, a los niños que han sufrido maltrato físico o psicológico, sus padres o tutores les enseñan que el amor puede coexistir con el maltrato. Y, en casos extremos, ese abuso es una expresión de amor. A menudo sucede que, una vez que entramos en la vida adulta, este error de juicio influye en nuestra percepción del amor; o si nos aferramos a la idea de que los adultos que nos maltrataron y ofendieron en la infancia lo hicieron por amor, estaremos sin duda intentando racionalizar las heridas que nos infligen en la actualidad las personas que dicen querernos. En mi caso, en las relaciones sentimentales en que me implicaba de adulta seguía sintiéndome muchas veces ofendida y humillada, como cuando era niña. Inicialmente me negué a aceptar una definición de amor que me obligase a contemplar la posibilidad de que las relaciones que eran fundamentales para mí estuvieran desprovistas de él. Pero si la meta que quieres alcanzar es encontrar tu propio yo, sentirte bien contigo mismo, entonces afrontar la falta de amor de una manera sincera y realista es parte del proceso de curación. La falta de amor no significa falta de cuidado, afecto o placer. De hecho, en mis relaciones sentimentales de una cierta duración había tal abundancia de atención y afecto que era bastante fácil no ver la disfunción emocional que ocultaban.

Para poder cambiar mis relaciones más importantes, primero tuve que aprender a dar un nuevo significado al amor, y después aprender a amar. El primer paso fue encontrar una definición de amor que fuese clara. Soy una de las muchas personas que han leído y releído *El camino menos transitado* y estoy agradecida al autor por haberme ofrecido una definición del sentimiento amoroso que me ayudó a afrontar los momentos en que mi vida se vio privada de él. Tenía unos veinticinco años cuando empecé a entender el amor como «la voluntad de extender el propio yo para favorecer el crecimiento espiritual de uno mismo o el de otra persona». Sin embargo, me llevó años deshacerme de los patrones de comportamiento que había aprendido y que anulaban mi capacidad de dar y recibir amor. Uno de los comportamientos que hizo que mi vida amorosa pareciera un campo minado fue mi persistente inclinación por hombres que habían sufrido traumas emocionales y que, aunque deseaban ser amados, no sentían la necesidad de amar.

Quería conocer el amor, pero me daba miedo entregarme y confiar en otra persona. Tenía miedo de la intimidad. Escogiendo hombres que no se interesaban por el amor pude dar amor yo misma, pero siempre en situaciones insatisfactorias. Como es natural, mi necesidad de recibir amor no se vio nunca satisfecha. Recibí lo que estaba acostumbrada a recibir, cuidados y afecto, normalmente mezclados con algo de descortesía, algo de descuido y, en algunos casos, verdadera crueldad. A veces era yo la que se mostraba displicente. Me llevó mucho tiempo darme cuenta de que, aunque quería conocer el amor, la intimidad me asustaba. Muchos de nosotros optamos por relaciones de afecto y cuidado, las cuales no se convertirán nunca en relaciones de amor. Al proceder de esta manera, nos sentimos seguros, porque las exigencias que se plantean en tales relaciones no son tan fuertes como las de una relación amorosa. El riesgo no es tan grande.

Muchos sueñan con el amor, pero no tienen el valor de arriesgarse. Aunque la idea del amor suele ser casi una obsesión, la mayoría nos conformamos con una vida relativamente aceptable y satisfactoria en alguna medida, aun cuando tengamos la sensación de sufrir falta de amor. Son relaciones en las que existe un afecto genuino y un cuidado mutuo en la pareja, cosa que a muchos ya les parece bastante, porque a menudo es mucho más de lo que han recibido en la familia de origen. Sin duda resulta mucho más tranquilizador considerar que el amor puede tener sentidos distintos para cada persona, pues cuando lo defines con precisión y claridad, te ves obligado a enfrentarte a tus propias carencias, a tu terrible alejamiento. La verdad es que, en nuestra cultura, mucha gente no sabe lo que significa el amor. Y esta ignorancia se experimenta como una falta, como un terrible secreto que no se revela a nadie.

Si hubiera podido tener una definición clara del amor, no habría tardado tanto en convertirme en una persona con mayor capacidad de amar. Si hubiera compartido con otras personas una idea común y corriente de lo que significa el amor, habría sido más fácil crear lazos de amor. Resulta particularmente inquietante que muchos de los últimos libros sobre el amor continúen asegurando que las definiciones en este campo son inútiles y carentes de sentido. O, peor aún, que sugieran que el amor debe tener un significado diferente para los hombres y para las mujeres; que los sexos deben respetar la incapacidad del otro para comunicarse y aceptarla desde el comienzo, porque no hablan el mismo lenguaje. Los libros de este tipo tienen bastante éxito entre el público, precisamente porque no alteran las ideas tradicionales sobre los roles de género, la cultura y el amor. En lugar de proponer estrategias que ayuden a amar mejor, lo que hacen es alentar a las personas a adaptarse a una situación de falta de amor.

Las mujeres, más que los hombres, corren a comprar estos libros y lo hacen porque, colectivamente, están más preocupadas por la falta de amor. Convencidas de que nunca conocerán un amor que las satisfaga, muchas están dispuestas a conformarse con estrategias que las ayuden a aliviar su malestar y a hacer más serenas y agradables las relaciones existentes, especialmente las sentimentales. En nuestra cultura no hay medios que permitan a los lectores y lectoras comunicarse con los autores de tales libros, por lo que no está claro si estos ensayos son realmente útiles ni si son capaces de promover cambios constructivos. El hecho de que las mujeres, más que los hombres, compren muchos libros de autoayuda y que gracias a sus adquisiciones se conviertan en los libros más vendidos, no significa que verdaderamente contribuyan a transformar sus vidas. Yo misma he comprado un montón de libros de este género, pero solo unos pocos han cambiado en algo mi vida. Seguro que lo mismo vale para muchos lectores.

En nuestra cultura se discute poco sobre el amor y además carecemos de una política común en este campo, así que es normal que quienes quieran orientación e indicaciones sobre el asunto las busquen básicamente en los libros. Muchos lectores asumen la definición de amor de Peck y, al ponerla en práctica en su vida, pueden apreciar su utilidad y poder de transformación. Podemos intentar difundirla hablando de ella en nuestras conversaciones cotidianas, no solo con otros adultos sino también con niños y adolescentes. La única forma de crear un ambiente en el que el amor pueda empezar a crecer es refutando la desconcertante idea de que el amor no puede definirse y proponiendo definiciones útiles y concretas.

A algunas personas no les gusta la definición de Peck porque en ella aparece el término «espiritual». El autor, sin embargo, lo utiliza para referirse a la dimensión más íntima de nuestra realidad, donde mente, cuerpo y espíritu son todo uno. No es necesario adherirse a una religión para abrazar la idea de que existe un principio que anima al individuo, una fuerza vital (que algunos llaman alma) que, cuando se nutre, aumenta nuestra capacidad para realizarnos más plenamente y estar en sintonía con el mundo que nos rodea.

Convendría empezar a considerar el amor como una acción más que como un sentimiento, puesto que de este modo asumiríamos automáticamente una parte de responsabilidad por ello. A menudo se nos enseña que no tenemos control sobre nuestros «sentimientos», y, sin embargo, admitimos sin ningún género de dudas que las acciones que realizamos son el resultado de una elección, que la intención y la voluntad desempeñan un papel decisivo en todo lo que hacemos. A ninguno de nosotros se le ocurriría negar que nuestras acciones tienen consecuencias. La creencia de que los sentimientos están moldeados por las acciones también nos puede servir para deshacernos de algunos supuestos que solo se aceptan por costumbre, como, por ejemplo, que los padres siempre quieren a sus hijos, que el enamoramiento no presupone ningún ejercicio de la voluntad, que existe eso que llaman «crímenes pasionales», es decir que un hombre puede matar a una mujer porque la ama demasiado. Si tuviéramos siempre presente que el amor se expresa a través de los actos y conductas que genera, no utilizaríamos la palabra para devaluar y rebajar su significado. Cuando amamos, expresamos de una manera franca y clara cuidado, afecto, responsabilidad, respeto, compromiso y confianza.

Sin definiciones es imposible que la imaginación se active. No se puede hacer realidad algo que no se ha imaginado. Una buena definición constituye el punto de partida y permite comprender adónde se quiere llegar. A medida que nos acercamos al destino que nos hemos marcado, vamos trazando el camino y creando un mapa. En nuestro viaje hacia el amor necesitamos un mapa que nos muestre el camino que hemos de seguir; el punto de partida será saber qué queremos decir cuando hablamos de amor.

CAPÍTULO 2

Justicia: las primeras lecciones de amor

Una separación grave en los primeros años de vida deja una cicatriz emocional en el cerebro porque compromete la relación humana más importante: el vínculo [padre-hijo], que nos enseña que somos dignos de amor. El vínculo que nos enseña a amar. Si carecemos del apoyo de este primer apego no podremos ser una persona completa, y hasta podemos tener dificultades para ser humanos.

Judith Viorst

Aprendemos lo que es el amor en la niñez. Sea funcional o disfuncional, caracterizada por un ambiente de felicidad o por un clima de mayor crispación, la familia es nuestra primera escuela de amor. No recuerdo haber sentido nunca la necesidad de preguntar a mis padres qué es el amor. Para mi mente infantil, el amor era el bienestar que experimentabas cuando te hacían sentir que eras importante en tu familia y tú a su vez los tratabas a ellos como personas que importaban. Siempre asocié el amor con esa sensación de bienestar. Cuando empezaron a pegarnos y nos dijeron que era «por nuestro propio bien», o aquello de «lo hago porque te quiero», mis hermanos y yo no entendíamos nada. ¿Por qué un castigo tan severo había de ser un gesto de amor? Como suelen hacer los niños, fingimos aceptar la lógica de los adultos, pero en el fondo de nuestro corazón sabíamos que aquello no estaba bien. Sabíamos que era una mentira. También fue una burda patraña lo que nos decían después de propinarnos un severo castigo: «A mí me duele más que a ustedes». Nada crea más confusión en la mente y el corazón de un niño que un castigo injusto o cruel impuesto por los adultos a los que se le ha enseñado a amar y respetar. Los niños que sufren este tipo de situaciones pronto empiezan a preguntarse por el significado del amor y, aunque dudan de su existencia, lo anhelan.

Por otro lado, hay muchos niños que crecen confiados en que el amor es un sentimiento bueno, niños que nunca son castigados, a los que se les permite creer que el amor significa ver sus necesidades y deseos satisfechos. En su mente infantil, el amor no es algo que ellos tienen que dar, sino mayormente algo que se les da. Incluso cuando se les consiente demasiado, sea materialmente o permitiéndoles comportarse mal, se puede hablar de una forma de abandono. Estos niños, aunque no son maltratados ni desatendidos en los cuidados más básicos, no tienen tan claro el significado del amor como aquellos que sí están descuidados y abandonados emocionalmente. Ambos grupos han aprendido a pensar en el amor sobre todo en términos de bienestar, según una lógica de recompensa y castigo. En la infancia, muchos de nosotros nos sentíamos queridos por nuestros padres cuando hacíamos algo que les gustaba. Y aprendimos a expresarles nuestro amor cuando nos hacían felices. Al crecer, los niños empiezan a asociar el amor con actos de atención, afecto y cuidado, y siguen pensando que los padres que intentan satisfacer sus deseos les dan amor.

No hay ningún niño que, independientemente de su origen o clase social, no afirme que quiere a sus padres y que es querido por ellos; hasta los que han sufrido maltratos o vejaciones verbales comparten esta apreciación. Cuando le pido a alguno de ellos que me explique qué es el amor, los niños pequeños coinciden en que es una sensación de bienestar, «como cuando comes algo que te gusta muchísimo», especialmente si es tu comida fa-vo-ri-ta. «Mi madre me quiere —suelen decir— porque me cuida y me ayuda a hacer lo correcto.» Cuando les pregunto cómo amar a alguien, me hablan de abrazos y besos, de ternura y mimos. La creencia de que ser amado significa obtener lo que se quiere, ya sea un abrazo, un pulóver nuevo o un viaje a Disneylandia, dificulta que los niños adquieran una comprensión emocional más profunda.

Nos gusta pensar que la mayoría de los niños van a venir al mundo en una familia que les dará el amor que necesitan. Sin embargo, si los padres o los adultos que ocupan su lugar son incapaces de amar, el amor brillará por su ausencia. Por lo general, las familias cuidan de alguna manera a sus hijos, pero el amor puede no ser constante o no existir en absoluto. Muchos adultos, sin distinción de clase, raza o género, se lo imputan todo a la familia en la que nacieron; hablan de un mundo infantil donde no había amor y donde reinaba el caos, el abandono, el maltrato y la coacción. En un libro reciente, *Why Does America Fail Its Children?*, Lucia Hodgson aborda la falta de amor en la vida de una enorme cantidad de niños de Estados Unidos. Cada día en nuestra sociedad, miles de niños son maltratados física o verbalmente, cuando no torturados, asesinados o muertos por inanición. Sin voz colectiva ni derechos reconocidos, son auténticas víctimas del terrorismo privado. Los niños son, y siguen siendo, propiedad de los adultos que, en su papel de padres, pueden hacer con ellos lo que quieran.

No puede haber amor sin justicia. Hasta que la cultura en la que vivimos no haya aprendido a respetar y defender los derechos civiles fundamentales de los niños, la mayoría de ellos no llegará a conocer el amor. En nuestra sociedad, el hogar privado es la única esfera institucionalizada de poder que fácilmente puede convertirse en autocrática y fascista. Los padres son regentes absolutos que pueden decidir sin interferencias externas lo que es bueno para sus hijos. Si los derechos del niño no se respetan en una familia, los niños no tienen medios legales para hacerlos valer. A diferencia de las mujeres, que han podido protestar contra la dominación sexista, reclamando la igualdad de derechos y la justicia para ellas mismas, los niños, si son explotados y oprimidos en el hogar, solo pueden confiar en hallar adultos dispuestos a ayudarlos.

Todos sabemos que, sea cual sea la clase y la raza a la que pertenezcan, los adultos rara vez intervienen para cuestionar lo que un padre y una madre hacen con «sus» hijos.

Hace algún tiempo, durante una fiesta a la que asistieron sobre todo profesionales acomodados de un cierto nivel cultural, de distintas razas y edades, se planteó el tema de la disciplina de los niños y el castigo corporal. Casi todos los invitados mayores de treinta años sostenían que era necesario recurrir al castigo físico. Muchos de ellos habían recibido golpes, azotes o bofetadas cuando eran niños. Los hombres eran quienes más defendían la mano dura. Las mujeres, casi todas madres, dijeron que para ellas el castigo físico era el último recurso y que no dudaban en utilizarlo cuando era necesario.

Como uno de los presentes parecía presumir de los golpes y palizas que le había propinado su madre, aduciendo que «le habían hecho bien», lo interrumpí y me atreví a indicarle que, si no hubiera sido golpeado por una mujer de niño, quizá no se habría vuelto tan misógino. Reconozco que es demasiado simplista decir que solo porque fuiste golpeado de niño estás destinado a convertirte en un adulto violento, pero quería hacer entender a aquellas personas que ser maltratado de niño puede tener consecuencias negativas en la vida adulta.

Una joven profesional, madre de un niño, se jactaba de no haberle pegado nunca y decía que cuando el niño se comportaba mal, le pellizcaba con fuerza hasta que el mensaje le quedaba claro; sin embargo, eso también es una forma de coacción y maltrato. Los demás invitados no lo percibieron así y apoyaron los métodos de la joven madre y su marido. Me quedé atónita. Fui la única que salió en defensa de los derechos de los niños.

Más tarde, ya hablando con otras personas, señalé que si un hombre nos hablara de su costumbre de pellizcar a su esposa o pareja cuando hacía algo que no le gustaba, nos quedaríamos atónitos. Todos sin excepción habrían considerado tal comportamiento como una forma de coacción y abuso, pero, en cambio, no podían admitir que estaba mal aplicarlo a un niño. Quienes eran padres aseguraban que ellos querían a sus hijos. Y todos eran personas con estudios universitarios, que en su mayoría se consideraban progresistas, defensoras de los derechos civiles y feministas, pero cuando se trataba de los derechos de los niños adoptaban un criterio diferente.

Uno de los mitos culturales que es preciso desmontar, si queremos que nuestra sociedad aprenda a amar mejor, es el que permite a los padres creer que el maltrato y el desamparo pueden coexistir con el amor. Sabemos que el maltrato y el desamparo niegan y destruyen el amor. Los fundamentos del amor son el afecto y la confirmación, exactamente lo contrario del abuso y la humillación. Nadie puede alegar que da amor cuando se comporta de manera ofensiva. Sin embargo, en nuestra sociedad, los padres lo hacen continuamente. A los niños se les dice que se los quiere, incluso cuando son maltratados.

El hecho mismo de que exista el maltrato es una prueba de la incapacidad generalizada de amar. Muchos de los testimonios recogidos en *Boyhood* cuentan historias traumáticas de violencia y maltrato ocasional infligido por los padres. En el capítulo titulado «Cuando mi padre me pegaba», Bob Shelby describe el sufrimiento que le causaban sus continuas palizas y apunta: «Esas experiencias me hicieron darme cuenta de lo que es el abuso de poder. Golpeándonos físicamente a mi madre y a mí, mi padre consiguió que dejáramos de rebelarnos contra la humillación que nos infligía. Dejamos de protestar por la intromisión en nuestro espacio y por su indiferencia ante nuestras necesidades, peticiones y derechos como personas». A lo largo del texto, Shelby expresa ideas contradictorias sobre el significado del amor. En un momento dado dice: «No dudo de que mi padre me amara, pero su amor había tomado la dirección equivocada. Decía que quería darme lo que no había tenido de niño». Y poco después reconoce que «su problema más obvio era no sentirse amado. Su vida había sido una lucha continua para superar el sentimiento de no ser amado». Por la forma en que Shelby describe su infancia, está claro que su padre lo quería y que lo cuidaba de vez en cuando, pero no sabía cómo dar y recibir amor, y el afecto que sentía por su hijo quedaba socavado por el continuo maltrato.

Al observar el pasado desde una perspectiva adulta, Shelby habla del impacto que la violencia física tuvo en su psique cuando era niño: «Cuanto mayor era el dolor físico que mi padre me infligía, mayor era la herida en el corazón. Me di cuenta de que lo que más me dolía era mi amor por el hombre que me pegaba. Por eso cubrí mi amor con un oscuro manto de odio». Las autobiografías de muchos otros hombres, de todas las razas y orígenes sociales, cuentan la misma historia. Uno de los clichés que suelen contarse sobre la ausencia de amor es que solo se da entre los pobres y los desposeídos. Nada más lejos de la realidad. Entre la miseria y la carencia de bienes materiales, por un lado, y la falta de amor, por el otro, no hay una relación de causa y efecto. Incluso cuando los privilegios materiales abundan, los niños sufren abandono y maltrato emocional. Para superar las heridas infligidas en la infancia, muchos de los hombres cuyo testimonio aparece en *Boyhood* se han visto obligados a recurrir a alguna forma de ayuda terapéutica. Para encontrar el camino de vuelta al amor, primero tenían que curarse.

En nuestra cultura hay muchas personas que nunca se recuperan de las experiencias negativas de la infancia. Los estudios en este campo muestran que los niños y niñas que son violentamente humillados y maltratados repetidamente, sin que nadie intervenga para protegerlos y cuidarlos, tienen muchas posibilidades de convertirse en adultos disfuncionales y de estar predispuestos a utilizar la violencia contra otras personas. En el capítulo titulado «Cicatrices», del libro *Finding Freedom*, Jarvis Jay Master cuenta que se dio cuenta de que la mayoría de las cicatrices que cubrían el cuerpo de sus compañeros de prisión (no todos condenados al corredor de la muerte) no eran el resultado de peleas violentas de adultos, sino más bien la señal de los golpes recibidos cuando eran niños por parte de sus padres o las personas encargadas de cuidarlos. Sin embargo, ninguno de ellos se consideraba víctima de maltrato: «Durante mis muchos años de reclusión, para mí y para muchos de mis compañeros, la prisión representaba inconscientemente un refugio. No empecé a reflexionar sobre mi infancia hasta que leí algunos libros destinados a adultos que habían sido víctimas de maltrato en la niñez». Master cuenta las discusiones de grupo que organizó entre los prisioneros y ahí se sincera: «Les conté el sufrimiento que había arrastrado conmigo en más de doce prisiones distintas. Y les expliqué que había terminado atrapado en una furiosa ira contra todo y contra todos». Al igual que tantos niños y niñas que son maltratados, aquellos hombres habían sido golpeados por su madre, su padre y otras figuras parentales.

Cuando muere su madre, Master se aflige por no poder estar junto a ella. Sus compañeros no lo entienden, pues a fin de cuentas su madre lo había desatendido y lo trataba mal. Él respondió: «¿Porque ella no me haya cuidado debo también yo desatenderme a mí mismo negando que me hubiera gustado estar cerca de ella cuando murió, que todavía la quiero?». Incluso en el corredor de la muerte, Master sigue teniendo abierto el corazón. Y puede reconocer con toda sinceridad su profundo deseo de dar y recibir amor. Rara vez las ofensas infligidas por los padres u otras figuras paternas alteran el deseo de un niño de amarlos y de ser amado. Los que han sufrido traumas en la infancia no dejan de aspirar al amor de sus padres, aunque sepan que ese amor nunca llegará.

Los niños a menudo quieren quedarse con sus padres o con las personas a las que se les confía su cuidado, porque han hecho una fuerte inversión emocional en ellos. A pesar de los malos tratos que han sufrido, que a menudo tienden a negar, se aferran a la ilusión de que sus padres los quieren y solo recuerdan las escasísimas muestras de afecto que les demuestran.

En el prólogo del ensayo *Crear amor*, John Bradshaw habla incluso de «mistificación». «Crecí creyendo que el amor iba unido a las relaciones de sangre. Para mí era normal querer a cualquier miembro de la familia. El amor no fue nunca una elección. El amor que me enseñaron estaba hecho de deberes y obligaciones. [...] Mi familia me enseñó las reglas de nuestra cultura, su creencia en el amor [...]; aunque con las mejores intenciones, nuestros padres a menudo confundían el amor con algo que hoy llamaríamos maltrato.» Si queremos eliminar los prejuicios y los clichés sobre el significado del amor y el arte de amar, cuando hablamos con los niños tenemos que utilizar definiciones precisas y bien pensadas, dejando claro que el amor nunca puede estar mancillado por el maltrato.

En una sociedad como la nuestra, en la que se niega a los niños todos los derechos civiles, es esencial que los padres aprendan a educar a sus hijos con ternura y amor. Poner límites y enseñar a los niños a adoptar pautas para comportarse bien es una parte fundamental de la crianza. Cuando un padre recurre al castigo para imponer disciplina, los niños no tienen otro modelo de conducta frente al que reaccionar. Un padre cariñoso hará cualquier cosa para enseñar disciplina sin recurrir al castigo, lo cual no significa que nunca haga uso de él, pero si lo hace será solo para imponer una limitación temporal o una reducción de privilegios. Un padre cariñoso se preocupa principalmente de enseñar autodisciplina a los hijos y de que asuman la responsabilidad de sus propios actos. Dado que casi todos nosotros venimos de familias donde la principal, si no la única, herramienta para enseñar disciplina era el castigo, la mayoría no podemos concebir que se pueda prescindir de él. Una de las formas más fáciles de transmitir la disciplina a los niños es enseñarles a ser ordenados en la vida diaria, a poner en su sitio lo que han dejado tirado por doquier. Enseñar a un niño a guardar los juguetes después de jugar con ellos es una manera de enseñarle responsabilidad y autodisciplina. Esta actividad práctica puede ser un primer paso para dominar la confusión emocional.

Sería muy útil que aparecieran en la televisión modelos de padres capaces de cuidar con amor y dulzura a sus hijos. Sin embargo, a menudo, los programas destinados a las familias presentan a los niños malcriados, groseros y petulantes bajo una luz favorable, y es bastante usual que en ellos los niños se comporten de una manera más adulta que sus padres. Los modelos propuestos hoy en día en las películas comprenden desde conductas inadecuadas hasta comportamientos sin amor. Uno de los mejores ejemplos es *Mi pobre angelito*, filme que rinde culto a la desobediencia y el comportamiento violento. Ahora bien, la televisión puede retratar también situaciones familiares en las que se prodigan el afecto y el cuidado. Generaciones enteras de adultos recuerdan con nostalgia cuánto les hubiera gustado que su familia se pareciera a la de series de televisión como *Leave It to Beaver* o *My Three Sons*. ¡Cuántos de nosotros deseábamos que nuestras familias fueran como las que veíamos en la pequeña pantalla, siempre tan capaces de dar ternura y amor! Cuando expresábamos a nuestros padres el deseo de tener una familia similar a la de la televisión, nos decían que eran situaciones poco realistas. La verdad es que un padre o una madre que no recibieron amor en su familia original, que no aprendieron nunca lo que era en esa importante escuela del amor, son incapaces de crear en su nueva familia un entorno afectivamente rico y no pueden considerarlo siquiera como una posibilidad realista. La realidad en la que se sienten más a gusto y en la que confían es la que han llegado a conocer personalmente.

Pero no había nada de utópico en la forma en que se resolvían los problemas en esas *sitcoms*. El comportamiento erróneo era abordado y discutido abiertamente entre padres e hijos, con la intención de pensar críticamente sobre él y encontrar una manera de arreglarlo. En esas series, nunca había figuras parentales aisladas. Si la madre ya no estaba viva, como en *My Three Sons*, siempre aparecía alguna persona amable y bonachona que actuaba como segundo padre; en ese caso, el tío Charlie. En un entorno familiar capaz de dar afecto, si hay más de una figura parental, el niño que siente que uno de los padres está siendo injusto con él puede recurrir a la mediación, la comprensión o el apoyo del otro. En nuestra sociedad hay cada vez más padres y madres solteras. Pero ellos siempre pueden elegir a un amigo para que actúe como una segunda figura parental, aunque no tengan demasiado contacto con él. Por eso la figura del padrino y la madrina desempeñan un papel tan importante. Cuando mi mejor amiga de la infancia decidió tener un hijo, pero sin vivir con el padre del niño, decidió que yo fuera la madrina del retoño, y de este modo me convertí en una segunda figura parental.

La hija de mi amiga acude a mí cuando hay un malentendido o un problema de comunicación entre ella y su madre. Voy a darles un pequeño ejemplo. Mi amiga, que nunca recibió la paga semanal cuando era niña, creía que no disponía de suficiente dinero para dársela regularmente a su hija. Además estaba convencida de que la niña usaría todo el dinero para comprar caramelos y golosinas. Un día me confesó que su hija estaba enfadada con ella por ese motivo y me pidió mi opinión sobre el asunto. Le dije que estaba convencida de que la paga es una forma importante de enseñar a los niños disciplina y sentido del límite, para ayudarles a entender la diferencia entre el deseo y la necesidad. Conocía la situación financiera de mi amiga lo suficiente como para contradecirla cuando decía que no podía permitirse una pequeña asignación y, para zanjar sus dudas, la insté a no proyectar las experiencias negativas de su infancia en el presente. En cuanto a su temor de que la niña comprara demasiados caramelos, le sugerí que le diera una pequeña paga con la esperanza de que no la usara mal, y que estuviera atenta para ver lo que pasaba.

Todo salió a las mil maravillas. Contenta de recibir la ansiada asignación, la niña decidió ahorrar todo el dinero para comprar las cosas que pensaba que eran realmente importantes. Y los dulces no estaban en la lista. Si no hubiera intervenido otra figura parental, se podría haber tardado más en resolver el conflicto, lo cual habría dejado seguramente un poso de resentimiento y animadversión. La interacción entre dos adultos, marcada por el afecto y el respeto mutuo, ofreció a la niña (a quien informamos de nuestra conversación) un ejemplo de una posible manera de resolver los problemas. Al mostrarse dispuesta a aceptar las críticas y ser capaz de reflexionar sobre su propio comportamiento y cambiarlo, la madre, sin perder la dignidad ni la autoridad, hizo comprender a su hija que los padres no siempre tienen razón.

Hasta que no se imponga en todos los ámbitos de la vida una forma diferente y más cariñosa de ser padres, muchos seguirán creyendo que la disciplina solo puede enseñarse a través del castigo, y que una actitud dura y punitiva es una forma aceptable de tratar a los niños. Dado que los niños tienen una capacidad innata de ofrecer afecto y de corresponder al cariño que reciben, se suele suponer que ya son capaces de amar y que, por lo tanto, no tiene sentido enseñarles ese arte. Es cierto que en los niños muy pequeños existe el deseo de amar; sin embargo, tienen aún mucho que aprender en ese campo y depende de los adultos el guiarlos.

El amor se expresa con hechos, y en el caso de los niños es responsabilidad nuestra procurarles ese amor. Amar a nuestros hijos significa reconocer en todo momento, con todos nuestros actos, que no son de nuestra propiedad, que tienen derechos; derechos que deben ser respetados y defendidos.

Sin justicia no puede haber amor.

CAPÍTULO 3

Sinceridad: la franqueza en el amor

Cuando nos revelamos ante nuestra pareja y descubrimos que no pasa nada malo, que incluso nos hace sentir bien, llegamos a una verdad importante: en un mundo hecho de apariencias, una relación íntima puede ofrecernos un refugio, un espacio sagrado en el que poder ser plenamente nosotros mismos. [...] Decir nuestra verdad, desvelar nuestros pensamientos más íntimos y mostrar nuestra aspereza es como quitarse la máscara; una actividad sagrada que permite a dos almas encontrarse y establecer un contacto más profundo.

John Welwood

No es casualidad que las primeras ideas de rectitud y justicia que adquirimos de niños tengan que ver con el ámbito de la verdad. La verdad, la capacidad de ver el mundo y a nuestra persona tal como son y no como nos gustaría que fuesen, son la esencia de la justicia. En los últimos años, expertos en sociología y psicología han documentado que en Estados Unidos la gente tiende a mentir cada vez más. El libro titulado *Mentir*, de la filósofa Sissela Bok, fue uno de los primeros en llamar la atención sobre el hecho de que, en las interacciones diarias, la mentira se haya convertido en una práctica común y aceptada por todos. *El camino menos transitado*, de M. Scott Peck, tiene un capítulo entero consagrado a este tema. En *La danza de la ira*, Harriet Lerner, otra psicoterapeuta que también cuenta con un sinfín de lectores, señala cómo el sexismo de las relaciones sociales anima a las mujeres a fingir, manipular y mentir para complacer a los demás. Lerner explica que el fingimiento continuo y el hábito de mentir terminan por alejar a las mujeres de sus verdaderos sentimientos, provocando que se depriman y pierdan la conciencia de sí mismas.

Se miente sobre los aspectos más insignificantes de la vida cotidiana. A menudo preguntas elementales como «¿Qué tal estás?» las respondemos con una mentira. La mayoría de las mentiras que se cuentan a diario sirven para evitar conflictos o para no herir los sentimientos de los demás. Si, por ejemplo, te invitan a una cena a la que asisten personas que no te caen bien, evitas decir la verdad y rechazas la invitación, quizás inventando una excusa. En otras palabras, cuentas una mentira. Es evidente que, si al explicar las razones de nuestro rechazo se corre el riesgo de ofender de forma innecesaria a alguien, puede ser apropiado simplemente declinar la invitación.

Muchas personas aprenden a mentir en la infancia. Normalmente, empiezan a hacerlo para escapar del castigo o para no decepcionar o herir a un adulto. Cuántos de nosotros recordamos aún con claridad momentos en los que siendo niños pusimos en práctica con valentía la sinceridad que los adultos nos habían enseñado a apreciar, solo para descubrir que los adultos no siempre querían que fuéramos sinceros. Demasiadas veces los niños son castigados por responder con sinceridad a una pregunta que les hace una figura adulta con autoridad. Y así, ya a una edad temprana, en nuestra conciencia se graba la idea de que decir la verdad causa sufrimiento. Si aprendemos a mentir es, pues, para evitar ser heridos y para evitar herir a otras personas.

Muchos niños se sienten confundidos porque, por una parte, se les inculca el valor de la sinceridad y, por la otra, se les enseña a ser oportunistas y falsos. A medida que crecen, empiezan a entender que los adultos no hacen más que mentir y se dan cuenta de que son pocos los que dicen la verdad en su círculo cercano. Yo misma me crie en un mundo en el que se enseñaba a los niños a decir la verdad, pero no tardé en percatarme de que los adultos no ponían en práctica lo que predicaban. Aquellos de mis hermanos que habían aprendido a mentir educadamente, o a decir lo que los adultos querían oír, eran siempre más queridos que quienes decíamos la verdad; y, como es natural, se llevaban todos los premios y recompensas.

Cualquiera que sea el grupo de niños que uno examine, nunca es fácil entender por qué algunos de ellos aprenden rápidamente el sutil arte de la ocultación (es decir, saben fingir para manipular una situación), mientras que otros tienen dificultades para enmascarar sus verdaderos sentimientos. Los juegos infantiles están marcados por la invención y el fingimiento y, por lo tanto, son un contexto perfecto para aprender a dominar el arte de la ocultación. Ocultar la verdad es a menudo un aspecto divertido del juego, pero cuando se convierte en una práctica frecuente es un peligroso preludio de la mentira como hábito de vida.

A veces la idea de mentir fascina a los niños porque les da poder sobre los adultos. Imaginemos, por ejemplo, que una niña pequeña va a la escuela y le dice a su profesor que va a ser adoptada, aunque sabe perfectamente que eso no es cierto. Por un lado, disfrutará de la atención que esa confidencia le proporcionará, así como de la simpatía y la comprensión que le dedicará el maestro; pero por otro lado tendrá que enfrentarse a la cólera y la frustración de sus padres cuando los llamen de la escuela para informar de la supuesta adopción. Una amiga mía que cuenta muchas mentiras me dijo que le encanta burlarse de los demás y observar cómo se comportan cuando les da información falsa. Tiene diez años.

Cuando yo tenía su edad, las mentiras me asustaban, porque me desorientaban y creaban demasiada confusión. Los otros chicos se burlaban de mí porque no era capaz de mentir. En el único episodio verdaderamente violento entre mi padre y mi madre del que tengo recuerdo, él la acusó de mentirle. Y después recuerdo aquella noche en que una de mis hermanas mayores mintió y dijo que iba a hacer de niñera, cuando en realidad estaba planeando salir con una amiga. Cuando mi padre se enteró, la zurró de lo lindo, y mientras le estaba pegando, gritaba sin parar: «¡No me digas mentiras!». Fue una reacción tan violenta que a partir de entonces todos los hermanos sentíamos pavor de las posibles consecuencias de una mentira, pero eso no impidió que nos diéramos cuenta de que tampoco él decía siempre la verdad. Su forma favorita de mentir era el silencio. Su lema era «si te preguntan no digas nada», para no arriesgarte a contar una mentira.

Los hombres a los que he amado solían mentir para evitar la confrontación o para no asumir la responsabilidad por un mal comportamiento. En *The Mermaid and the Minotaur*, Dorothy Dinnerstein plantea la hipótesis de que el niño siente confusión y rabia en el momento en que descubre que la poderosa madre de la que depende no tiene en realidad ningún poder en el mundo patriarcal. La mentira se convierte entonces en una de las estrategias a través de las cuales puede dar rienda suelta a su malestar, pero también confirmar la impotencia materna. Además de sentir que puede manipular a su madre, la mentira le permite desenmascarar su absoluta carencia de poder. Y eso lo hace sentirse más poderoso.

Los hombres aprenden a mentir para tener más poder; las mujeres hacen lo mismo, pero mienten para fingir estar indefensas. Harriet Lerner explica en su libro cómo el patriarcado fomenta el engaño, animando a las mujeres a dar a los hombres una imagen falsa de sí mismas, y viceversa. En *101 mentiras que los hombres dicen a las mujeres*, Dory Hollander confirma que, si bien es cierto que los hombres mienten tanto como las mujeres, los datos recogidos por ella y por otros investigadores indican que «los hombres tienden a mentir más y con consecuencias más devastadoras». Para muchos varones jóvenes, la primera experiencia de poder sobre otras personas viene de la emoción de mentir a algunos adultos más fuertes y salir indemnes. Muchos hombres me han dicho que tenían problemas para decir la verdad si pensaban que lastimaría a un ser querido. Para muchos jóvenes que aprenden a mentir para no herir a su madre o a otras personas que les importan, la mentira se vuelve tan habitual que les resulta difícil distinguirla de la verdad. Y este comportamiento continúa en la edad adulta.

A menudo, los hombres a quienes no se les ocurriría nunca mentir en el lugar de trabajo recurren habitualmente a la mentira en su vida privada. La mayoría son heterosexuales que creen que las mujeres son ingenuas. Muchos hombres confiesan haber mentido porque saben que no se arriesgan y que, al final, sus mentiras serán perdonadas. Para entender por qué las mentiras masculinas se aceptan con tanta facilidad, basta con darse cuenta de que, en una cultura patriarcal, los hombres gozan de poder y privilegios simplemente por el hecho de ser hombres. La idea misma de «ser un hombre», o más bien «un hombre de verdad», siempre ha implicado que, cuando es necesario, los hombres pueden romper las reglas y realizar acciones que quebrantan la ley. Vemos todos los días en el cine, la televisión y la prensa que los hombres poderosos pueden hacer lo que quieran, y que esa misma libertad los convierte en verdaderos hombres. El mensaje es que ser franco significa ser «débil». Saber ser falso e indiferente a las consecuencias de sus acciones engañosas hace a los hombres duros; de hecho, es lo que marca la diferencia entre hombres y niños.

En *The End of Manhood*, John Stoltenberg observa cómo el modelo ideal de masculinidad propuesto a los hombres por una cultura patriarcal exige que los hombres se inventen una falsa identidad e inviertan en ella. Desde la infancia se les enseña que no deben llorar ni ser débiles, que no deben admitir que se sienten solos o tristes, que deben ser fuertes. Por lo tanto, aprenden a enmascarar sus verdaderos sentimientos o, en el peor de los casos, a no tener ningún sentimiento. Por lo general, los hombres reciben todas estas enseñanzas de otros hombres y de madres sexistas. Incluso los chicos que han crecido en un ambiente familiar más progresista y afectuoso, junto a padres que los animan a expresar sus emociones, cuando se encuentran en la calle o en clase, haciendo deporte o frente a la pantalla del televisor, se ven obligados a descubrir un tipo diferente de virilidad y de sentimientos. Y no es raro que, para ser aceptados por otros chicos y otras figuras masculinas que tienen autoridad para ellos, terminen inclinándose hacia una virilidad patriarcal.

Como apunta Victor Seidler en *Rediscovering Masculinity*:

> Cuando de niños aprendemos a utilizar el lenguaje, los chicos aprendemos muy rápido a escondernos detrás de las palabras. Aprendemos a dominar el lenguaje para poder controlar el mundo que nos rodea. [...] Aunque hemos aprendido a culpar a otros de nuestra insatisfactoria vida sentimental, en el fondo tenemos también la inconfesable convicción de que nuestra identidad como varones ha sido limitada y herida; y nos damos cuenta con

dolor de nuestra insensibilidad, de nuestra incapacidad para sentir emociones.

Al mantenerse alejados de los sentimientos, los hombres tienen más facilidad para mentir. De hecho, muchas veces, para afirmar su masculinidad, utilizan sin apenas darse cuenta las estrategias de supervivencia que aprendieron cuando eran niños. La incapacidad para conectar con los demás lleva consigo la incapacidad de asumir la responsabilidad del dolor que ellos mismos han causado. Esta negación es particularmente evidente cuando tratan de justificar la violencia extrema contra los más débiles —generalmente una mujer— alegando que ellos son las verdaderas víctimas.

Independientemente de la farsa que se hayan montado, en su interior muchos hombres se consideran víctimas de la falta de amor. En la infancia creían, como todos nosotros, que les esperaba una vida llena de amor, y aunque de niños tuvieron que aprender a comportarse como si este sentimiento no importara, en su corazón albergan un profundo deseo de amor. Y ese deseo no se desvanece automáticamente cuando se hacen mayores. La mentira se convierte entonces en una forma de desahogo, una forma de expresar la propia ira ante una promesa de amor incumplida. Para respetar las reglas de la cultura patriarcal, los hombres deben renunciar al deseo de amar.

La masculinidad patriarcal requiere que los varones, ya sean niños u hombres, no solo se consideren más fuertes que las mujeres y superiores a ellas, sino que hagan todo lo posible por mantener su posición de dominio. Esta es una de las muchas razones por las que los hombres emplean más mentiras que las mujeres para obtener poder en las relaciones. En las culturas patriarcales, se suele dar por sentado que el amor puede existir incluso cuando un grupo o individuo tiene supremacía sobre los que lo rodean. Muchos creen que los hombres pueden dominar a las mujeres y los niños sin dejar de amarlos. El psicoanalista Carl Gustav Jung resaltó, con profunda perspicacia, que «donde reina el amor, no existe voluntad de poder». Si le preguntas a un grupo de mujeres, cualquiera que sea su raza o clase social, qué tipo de relaciones mantienen con los hombres, escucharás con frecuencia historias de abuso de poder y mentiras (y no olvidemos que guardarse información es también una mentira), que se utilizan para subordinarlas y controlarlas.

No es casualidad que, en nuestra sociedad, una mayor tolerancia a la mentira haya coincidido con el logro de una mayor igualdad social por parte de las mujeres. En los primeros días del movimiento feminista, las mujeres afirmaban que los hombres tenían el poder porque normalmente eran los únicos que llevaban el dinero a casa. Ahora que la capacidad de conseguir ingresos de las mujeres ha aumentado de forma considerable (aunque todavía no sea igual a la del hombre) y que la mujer es económicamente más independiente, el hombre debe adoptar estrategias más sutiles de colonización y desautorización si quiere mantener el dominio. Hasta la profesional más acaudalada puede venirse abajo si se entera de que su compañero le dice muchas mentiras. Si ella confía en él, es probable que las mentiras y otras formas de traición socaven su autoestima y confianza en sí misma.

Quienes aceptan la idea de la dominación masculina (es decir, muchos hombres, si no la inmensa mayoría) deben mantener su poder sobre las mujeres a toda costa. Hoy en día se habla mucho de la violencia doméstica y prácticamente todo el mundo está de acuerdo en que los hombres no tienen que pegar a las mujeres para someterlas, pero la mayoría de los hombres recurren al terrorismo psicológico, que es una forma de coacción socialmente aceptable. Y la mentira es una de las armas más poderosas de su arsenal. Cuando los hombres mienten a las mujeres, ofreciendo una falsa imagen de sí mismos, el terrible precio que pagan por mantener el poder es la pérdida de su capacidad de dar y recibir amor. Porque la intimidad solo puede surgir de la confianza, y cuando los hombres mienten a las mujeres y erosionan esa confianza, no puede haber una relación auténtica. Los hombres que imponen su poder a los demás pueden tener, y tienen, la experiencia del afecto y el cuidado, pero levantan una barrera entre ellos mismos y la experiencia del amor.

Todos los pensadores utópicos masculinos que rechazan el dominio de su sexo afirman que los hombres solo pueden volver al amor repudiando la voluntad de poder. En *The End of Manhood*, Stoltenberg subraya que los hombres pueden honrar su identidad amando la justicia. Y añade: «La justicia es quizás el vínculo más importante que puede existir entre dos individuos». El amor por la justicia para uno mismo y para los demás permite a los hombres romper el poder absoluto de la masculinidad patriarcal. Tal como observa Stoltenberg en el capítulo titulado «Cómo tener mejores relaciones con las mujeres»:

> En la relación entre un hombre y una mujer no puede haber justicia si el hombre pone su virilidad en primer lugar. Cuando un hombre ha decidido amar la hombría más que la justicia, las

> consecuencias en todas sus relaciones con las mujeres son perfectamente predecibles. [...] Aprender a vivir de acuerdo con la conciencia significa decidir que la lealtad a las personas que uno quiere es siempre más importante que el juicio expresado por otros hombres hacia nuestra virilidad.

Si son leales a sí mismos y a los demás, y aman la justicia, los hombres y las mujeres no pueden dejar de notar que las mentiras empobrecen y erosionan de mil maneras la posibilidad de una relación profunda y significativa, hasta el punto de ser un obstáculo para el amor.

Es importante entender que, debido a que se basa en los valores y patrones de comportamiento masculinos que nuestra cultura suele establecer para determinar lo que es más o menos aceptable, la aceptación de la mentira es un componente esencial del pensamiento patriarcal que involucra a todos, sean hombres o mujeres. Los hombres no son ciertamente los únicos que usan las mentiras para conseguir poder sobre los demás. De hecho, si bien es cierto que una virilidad basada en cánones patriarcales aleja a los hombres de su identidad, es igualmente cierto que las mujeres que adoptan una feminidad patriarcal —que aceptan la idea de tener que comportarse como si fueran débiles, mudas, estúpidas e incapaces de pensar racionalmente— también han aprendido a presentarse al mundo con una máscara, a mentir. Este es uno de los temas principales de *La danza de la ira*. A través de un análisis esclarecedor, Lerner identifica las responsabilidades de las mujeres y las llama a rendir cuentas sobre su participación en estructuras de simulación y mentiras, especialmente en la vida familiar. A menudo las mujeres mienten a los hombres con facilidad para manipularlos y conseguir las cosas que quieren o creen que se merecen. O pueden mentir para reforzar la autoestima de un hombre. Las mentiras femeninas pueden adoptar muchas formas, desde pretender sentir emociones que no se sienten, hasta simular niveles de vulnerabilidad emocional y dependencia que no son verdaderos.

Las mujeres heterosexuales suelen aprender de otras mujeres el arte de mentir a los hombres para manipularlos. Las mentiras relativas a la búsqueda de pareja y la procreación son, por ejemplo, permisibles. Cuando quise tener un hijo y mi compañero de entonces no se sentía preparado para ser padre, me sorprendió que tantas mujeres me animaran a ignorar sus sentimientos y a seguir adelante sin contarle la verdad. Parecía que no había nada de malo en negar a un niño el derecho a ser deseado por ambos padres biológicos. (No hay engaño cuando una mujer tiene un hijo con un donante de esperma, porque en ese caso no hay un padre varón visible que pueda rechazar o castigar a un niño que no quiere.) Me molestaba que las mujeres que yo respetaba no tomaran en serio el papel paterno y no creyeran que para un hombre el deseo de ser padre es tan importante como para una mujer. Nos guste o no, seguimos viviendo en un mundo en el que los niños quieren saber quiénes son sus progenitores y, cuando el padre está ausente, hacen todo lo posible por encontrarlo. Yo no podía concebir la idea de traer un hijo a este mundo que pudiera ser rechazado por un padre que no lo quisiera.

Las mujeres que crecieron en los años cincuenta del siglo pasado, antes de que existiera un control adecuado de la natalidad, eran profundamente conscientes de que un embarazo no deseado podía cambiar el curso de su vida. Pero también había mujeres que ansiaban el embarazo para que el padre del niño no pudiera separarse nunca más de ellas emocionalmente. Pensaba que esas concepciones eran cosa del pasado. Sin embargo, incluso en esta era de igualdad social entre los sexos, me llegan historias de mujeres que deciden quedarse embarazadas cuando la relación es inestable, ya sea para obligar al hombre a permanecer unido a ellas o con la esperanza de empujarlo a casarse con ellas. Algunos hombres se sienten extremadamente apegados, más de lo que se podría pensar, a la mujer que trae al mundo a su hijo. El hecho de que los hombres sucumban a las mentiras y a la manipulación cuando está en juego el papel de los padres biológicos no hace que ello sea más justo ni más aceptable. El hombre que acepta que se le mienta o se le manipule, además de abdicar de su propio poder, crea una situación en la que puede culpar de todo a las mujeres o justificar el odio que siente hacia ellas.

Este es otro de los casos en que la mentira se utiliza para tener poder sobre alguien, para mantenerlo en una relación contra su voluntad. Harriet Lerner recuerda que la honestidad es solo un aspecto de la sinceridad, que según su definición es «superioridad moral, ausencia de engaño y de fraude». A menudo la máscara de la «feminidad» patriarcal hace que el engaño femenino parezca aceptable. Sin embargo, cuando mienten, las mujeres se ajustan a los antiguos estereotipos sexistas según los cuales son por su propia naturaleza, por el simple hecho de ser mujeres, menos capaces de decir la verdad. Los orígenes de este estereotipo sexista se remontan a la historia de Adán y Eva, un relato en el que la mujer parece estar dispuesta a mentir incluso a Dios.

Los hombres y mujeres, cuando ocultan información, a menudo aducen como excusa la defensa de su privacidad, un ámbito que en nuestra sociedad se identifica equivocadamente con el secretismo. Los individuos abiertos, sinceros y sin dobleces valoran la privacidad. Todos necesitamos espacios en los que estar a solas con nuestros pensamientos y sentimientos, donde podamos disfrutar de una sana autonomía psicológica, salvaguardando nuestra libertad para dejar que otros participen cuando y como queramos. Pero mantener un secreto y omitir información es a menudo una cuestión de poder. Por eso muchos programas de curación inciden en que «lo único que hay de enfermo en nosotros son los secretos que guardamos». Cuando la hermana de mi novio me confió un secreto celosamente guardado por la familia sobre un caso de incesto del que él no sabía nada, mi primera reacción fue pedirle que se lo contara. Si ella no lo hubiera hecho, se lo habría contado yo misma. Estaba convencida de que ocultarle esa información quebrantaría nuestro compromiso como pareja de ser claros y sinceros el uno con el otro. Manteniendo el secreto que guardaban su madre y hermanas, sería cómplice de la disfuncionalidad de su núcleo familiar. Al contarle lo que había descubierto, estaba afirmando mi lealtad hacia él y mi respeto por su capacidad para enfrentarse a la realidad.

La intimidad fortalece los lazos, mientras que los secretos debilitan y dañan las relaciones. Según Harriet Lerner, «no conocemos el coste emocional de un secreto» hasta que la verdad sale a la luz. Los secretos suelen obligar a mentir. Y las mentiras siempre crean la premisa de una posible traición, de la violación de la confianza de otras personas.

La tolerancia generalizada de la mentira es una de las principales razones por las que muchos en nuestra sociedad están destinados a no conocer nunca el amor. Resulta imposible fomentar el crecimiento espiritual propio y el de los demás cuando la parte más íntima de nuestro ser, de nuestra identidad, está rodeada de secretismo y embustes. No es posible confiar en que el otro siempre quiere nuestro bien, la premisa indispensable del amor, cuando reina el engaño; es una cosa muy básica, pero puede convertir la inclinación a una confidencialidad razonable en un serio problema moral. Hoy en día, nuestra sociedad necesita renovar su compromiso con la sinceridad más que en cualquier otra época, pero no es fácil, porque mentir es más aceptable que decir la verdad. La mentira se ha convertido en la norma aceptada, hasta tal punto que decimos mentiras incluso cuando sería más fácil decir la verdad.

Los que se ocupan desde una perspectiva profesional de la salud mental, desde los psicoanalistas más capacitados hasta los gurús de tres al cuarto, aseguran que es infinitamente más satisfactorio y gratificante decir la verdad, pero la mayoría de las personas no reconoce con tanta facilidad que son de las que cuentan toda la verdad. En lo que a mí respecta, como he decidido ser sincera incluso en las pequeñas cosas de la vida cotidiana, resulta que muchas veces me encuentro con que me tachan de excéntrica porque digo la verdad incluso en los asuntos más triviales. Si una amiga me trae un regalo y me pregunta si me gusta, le respondo con sinceridad y sensatez; es decir, le digo la verdad de una forma positiva y amable. Y, sin embargo, incluso en una situación como esta, a menudo sucede que los que me piden que diga lo que pienso sinceramente se molestan cuando doy una respuesta sincera.

Hoy en día se nos enseña a temer la verdad, a pensar que es perjudicial de todas las maneras posibles. Hay una tendencia a creer que los individuos sinceros son ingenuos y perdedores en potencia. Bombardeados por la propaganda cultural destinada a inculcarnos la idea de que la mentira importa y la verdad no cuenta, corremos el riesgo de sucumbir a semejante engaño. La sociedad de consumo fomenta este clima y la publicidad es una de las herramientas culturales que más ha favorecido el auge de la mentira. Mantener a la gente en un estado constante de carencia, de deseo perpetuo, fortalece la economía de mercado. La falta de amor es buena para el consumismo. Y las mentiras fortalecen el mundo carente de escrúpulos de la publicidad. La aceptación pasiva de las mentiras en la vida pública, especialmente las que pasan a través de los medios de comunicación, apoya y perpetúa el hábito de mentir en la vida privada. En cuanto a la vida pública, los periódicos sensacionalistas no tendrían nada que escribir si todos viviésemos sin ocultar nada y nos comprometiésemos a decir la verdad. El conocimiento del amor puede constituir una protección, porque nos mantiene apegados a una vida basada en la verdad. Estaremos entonces más dispuestos a expresarnos abierta y sinceramente tanto en la vida privada como en la pública.

Para conocer el amor debemos decirnos la verdad a nosotros mismos y decírsela también a los demás. Estamos tan acostumbrados a crearnos una imagen falsa para enmascarar nuestros miedos e inseguridades que a menudo olvidamos quiénes somos y qué sentimos debajo del disfraz de la simulación. Superar esa negación es siempre el primer paso para descubrir nuestro deseo de ser sinceros y claros. Las mentiras y los secretos pesan y generan tensión. Los que siempre han dicho mentiras no se dan cuenta de que decir la verdad puede liberarlos de una carga importante. Para entenderlo, deben dejar de mentir.

Al principio del feminismo, las mujeres hablaban abiertamente de su deseo de conocer mejor a los hombres, de quererlos por lo que eran. Hablábamos también de nuestro deseo de ser amadas por lo que realmente éramos (es decir, ser aceptadas en nuestra realidad física y en nuestro espíritu, no sentirnos obligadas a construir una personalidad diferente para transformarnos en el objeto del deseo masculino). Queríamos que los hombres fueran capaces de expresarse con sinceridad. Sin embargo, cuando empezaron a expresar sus pensamientos y sentimientos, algunas mujeres se dieron cuenta de que no podían asumirlo. Anhelaban las viejas mentiras. En la década de 1970, circulaba en Estados Unidos una tarjeta de felicitación en la que aparecía una mujer sentada frente a una adivina que estaba mirando una bola de cristal. En la parte de delante se leía: «No me habla nunca de sus sentimientos». Dentro aparecía el augurio: «El año que viene a las dos de la tarde, los hombres empezarán a hablar de sus sentimientos. Y a las dos y cinco, todas las mujeres del país estarán lamentándolo». Si prestamos atención a los pensamientos, creencias y sentimientos de alguien, es más difícil proyectar en ellos las percepciones que tenemos de esa persona. Es más difícil manipularla. A veces a las mujeres nos cuesta escuchar lo que los hombres tienen que decir. Ocurre especialmente cuando lo que dicen no concuerda con las fantasías que tenemos sobre ellos, su forma de ser y cómo nos gustaría que fueran.

El niño herido que se esconde en muchos hombres es un joven que la primera vez que dijo sus verdades fue silenciado por el sadismo paternal, por un mundo patriarcal que no quería oírle expresar sus verdaderos sentimientos. La niña herida que se esconde en muchas mujeres es una niña que desde muy pequeña aprendió que tenía que convertirse en algo diferente de lo que era, que para atraer y complacer a los demás tendría que negar sus verdaderos sentimientos. Al seguir castigándonos por nuestra sinceridad, solo estamos reforzando la idea de que las mentiras son la mejor opción. Para amar debemos escuchar de buena gana la verdad del otro y, más aún, afirmar el valor de esa sinceridad. Las mentiras pueden ser a veces beneficiosas, pero no nos ayudan a conocer el amor.

CAPÍTULO 4

Compromiso: para amar es preciso amarse a uno mismo

El compromiso es parte integral de las relaciones amorosas auténticas. Los que realmente se preocupan por el crecimiento espiritual de su ser querido saben, de forma consciente o por instinto, que solo pueden fomentarlo mediante un compromiso constante.

M. Scott Peck

El compromiso con la sinceridad es la base de la claridad y la honestidad, que son la sangre vital del amor. Cuando somos capaces de vernos tal como realmente somos y nos aceptamos, estamos creando las premisas necesarias para amarnos a nosotros mismos. A menudo se dice que «si no te quieres a ti mismo no puedes querer a nadie». Es una frase que parece muy convincente, pero cuando uno la oye se queda perplejo. Muchos terminan convenciéndose de que, si su existencia está desprovista de amor, es porque, en cierto momento de la vida, fuerzas sobre las que no tenían ningún control los han llevado a creer que no lo merecen. No venimos al mundo conociendo de antemano el arte de amarnos y de amar a los demás; sin embargo, desde el primer día de vida, somos capaces de responder al cuidado de quienes nos atienden. A medida que nos desarrollamos aprendemos a dar y recibir atención, afecto y alegría. La posibilidad de aprender a amarnos y a amar en general depende del entorno en que nos criamos y del amor que lo caracterice.

La capacidad de amarse a uno mismo no puede desarrollarse de forma aislada. Aunque muchos sostengan lo contrario, aprender a amarse a uno mismo no es nada fácil. Quien asegura que es algo sencillo no hace más que expresar una afirmación superficial que solo puede empeorar las cosas. Muchos se preguntarán por qué, si es tan fácil amarse a uno mismo, siguen sintiéndose prisioneros de sentimientos de baja autoestima o de odio hacia sí mismos. Volvamos ahora a la definición según la cual el amor sería una actividad destinada a fomentar el crecimiento espiritual en nosotros mismos y en los demás, porque nos será muy útil como punto de partida para trabajar el tema del amor propio. Si consideramos el amor como una combinación de confianza, compromiso, cuidado, respeto, conocimiento y responsabilidad, podemos dedicarnos a desarrollar estas cualidades o, si ya forman parte de nosotros, podemos intentar ponerlas en práctica por nosotros mismos.

A muchas personas les resulta útil examinar críticamente su pasado, sobre todo su infancia, para detectar los momentos en que interiorizaron mensajes negativos, por ejemplo, que no valían nada o que no estaban a la altura, que eran estúpidos, estrafalarios, horrorosos, etc. Ahora bien, comprender cómo se creó en nosotros la sensación de nuestro escaso valor no suele bastar para cambiar las cosas; digamos que es más bien un paso en un largo proceso. A mí, como a tantos otros, me resultó útil examinar los comportamientos y formas de pensar negativos aprendidos en la infancia, especialmente aquellos que formaron mi sentido del yo y mi identidad, pero ese proceso por sí solo no fue suficiente para superar mis problemas. Si hablo de esta experiencia es porque creo que mucha gente se queda atascada en la repetición de su propia historia; una forma como cualquier otra de permanecer anclado en el duelo por el pasado, o de aferrarse a una forma de narración que atribuye toda la culpa a los demás.

Entender el porqué de nuestra baja autoestima es indudablemente importante, pero también es posible saltarse esa etapa (en la que se identifican los momentos y lugares en que recibimos mensajes negativos) y crear la base de la confianza y el amor propio de otra manera. Muchos pasan directamente a la siguiente etapa, en la cual introducen en su vida de forma activa patrones de pensamiento y comportamiento constructivos y positivos. No es importante recordar al detalle los maltratos y abusos sufridos. Cuando la consecuencia de tales abusos es la falta de autoestima, se puede iniciar el proceso de curación buscando una manera de afirmar el propio valor.

El corazón herido aprende a quererse a sí mismo superando primero la baja autoestima. En *Los seis pilares de la autoestima*, Nathaniel Branden destaca algunas de las dimensiones más importantes de la estima personal: «vivir la vida de forma consciente, la autoaceptación, el sentido de la responsabilidad, la confianza en uno mismo, el tener un propósito en la vida y la práctica de la integridad personal». Vivir conscientemente significa ser crítico con uno mismo y con el mundo en el que vives, atreviéndote a plantearte las preguntas fundamentales: quién, qué, cuándo, dónde y por qué. Generalmente, la respuesta a estas preguntas genera una conciencia iluminadora. Como afirma Branden: «Vivir conscientemente es tratar de ser consciente de todo lo que concierne a nuestras acciones, nuestras metas, valores y objetivos, y hacerlo lo mejor posible, sean cuales sean, tratando de comportarnos de acuerdo con lo que vemos y conocemos». Para vivir conscientemente debemos reflexionar sobre el mundo en el que vivimos y que conocemos más de cerca.

Los que no se aceptan a sí mismos pueden valerse de la reflexión para defenderse de las voces negativas que les llegan del interior y el exterior, y que reiteran el rechazo y la devaluación que ellos mismos sienten. Una herramienta útil en el proceso de aceptación de uno mismo es la técnica de las afirmaciones. Durante años me había interesado en varias formas de terapia y ayuda psicológica, pero esta técnica siempre me pareció bastante insustancial. Mi hermana, que en ese momento trabajaba como terapeuta en el campo de la drogadicción, me convenció para que la probara, con el objetivo explícito de hacerme cambiar de perspectiva. Escribí algunas declaraciones sobre mi vida cotidiana y comencé a repetirlas todas las mañanas, hasta que acabaron formando parte de mis meditaciones diarias. En los primeros puestos de mi lista estaba la declaración: «Quiero romper con los viejos patrones y seguir adelante con mi vida». Descubrí que este tipo de afirmaciones no solo me proporcionaban una carga extraordinaria de energía —eran una forma de empezar el día haciendo hincapié en las cosas positivas—, sino que me resultaba útil repetirlas a lo largo del día cuando me sentía demasiado estresada o creía volver a caer en el abismo de la negatividad. Me ayudaron, por tanto, a recuperar el equilibrio emocional.

A muchos de nosotros nos cuesta aceptarnos. Tenemos una voz en nuestro interior que juzga continuamente, en primer lugar a nosotros mismos y luego a los demás. A esta voz le gusta y le satisface la crítica negativa interminable. Como hemos aprendido a creer que la actitud negativa es signo de un mayor sentido de la realidad, es lógico que la crítica nos parezca más verdadera que cualquier voz positiva. Pero si empezamos a reemplazar la negatividad por una forma de pensar positiva, parece evidente que la actitud negativa no solo es poco realista, sino que también es profundamente inhabilitante. Cuando somos positivos, además de aceptarnos y afirmarnos a nosotros mismos, somos también capaces de aceptar a los demás y de ayudarlos a afirmarse.

Cuanto más nos aceptamos a nosotros mismos, más dispuestos estamos a asumir la responsabilidad en todas las áreas de nuestra vida. Para Branden, el sentido de la responsabilidad se define como la voluntad de «asumir la responsabilidad de mis acciones y el logro de mis objetivos, [es decir, la responsabilidad] de mi vida y bienestar». Asumir la responsabilidad no significa negar que existen injusticias institucionalizadas que se manifiestan en forma de racismo, sexismo y homofobia, actitudes todas ellas que crean barreras y discriminación. La mera asunción de responsabilidad no significa que se puedan prevenir los actos de discriminación; sin embargo, se puede optar por reaccionar ante la injusticia. Asumir la responsabilidad significa enfrentarse a los obstáculos, inventar la propia vida y forjar el propio destino para alcanzar el mayor grado posible de bienestar. Si ponemos en práctica cada día este nuevo enfoque de la vida, nos resultará más sencillo afrontar realidades que no son fáciles de cambiar.

Muchas mujeres, cuando deciden reanudar sus estudios para mejorar su educación, no reciben el apoyo de su marido. La mayoría de las mujeres que se han encontrado en esa situación no han abandonado a su esposo, sino que se han esforzado en poner en práctica estrategias de resistencia constructivas. Una de las mujeres con las que hablé no sabía cómo hacerlo porque su marido era un simple obrero y le resultaba incómodo tener más estudios que él, pero quería volver al mundo laboral y para conseguirlo necesitaba un título. Así que decidió responsabilizarse de sus propias necesidades y deseos, porque estaba convencida de que al hacerlo contribuiría a aumentar el bienestar de su familia. El regreso al trabajo le insufló una gran autoestima y la curó de la ira y la depresión, de la actitud pasiva y agresiva que había desarrollado como resultado del aislamiento y de una vida monótona. Sin embargo, no fue fácil para ella tomar esa decisión ni encontrar la manera de llevarla a la práctica. Cuando se vieron obligados a valerse por sí mismos y a ocuparse de las tareas domésticas, su marido y sus hijos se quejaron, pero a la larga aquella elección fue buena para todos. Por supuesto tales cambios aumentaron la autoestima de aquella mujer y le mostraron que el resto de la familia también se beneficiaba del hecho de que ella se hiciera cargo de su vida, porque era más feliz y también lo eran los que la rodeaban.

Para poner en práctica estos cambios tuvo que aprovechar otro aspecto esencial de la autoestima, la «afirmación de uno mismo», que Branden define como «la voluntad de defenderme, de ser abiertamente quien soy, de tratarme con respeto en todas las interacciones con otros seres humanos». Los que han sufrido humillaciones en la familia o en la escuela cuando eran pequeños, a menudo, para evitar conflictos, siguen las lecciones aprendidas y se adaptan a todo sin crear problemas. En la infancia, los momentos de conflicto eran muchas veces los momentos en los que experimentábamos la mortificación y la humillación, en los que pasábamos más vergüenza. Entonces, los intentos de autoafirmación demostraron ser una defensa ineficaz, y muchos aprendimos así que la pasividad reduce el riesgo de agresión.

El proceso de adaptación a una sociedad sexista enseña a las mujeres que la autoafirmación es un peligro para la feminidad. La aceptación de esta lógica errónea sienta las bases de una autoestima insuficiente. El miedo a tener confianza en sí mismas suele surgir en las mujeres que han sido educadas para comportarse como buenas chicas e hijas respetuosas. En mi familia, a mi hermano nunca lo castigaban por responder en mal tono. El hecho de que manifestara sus opiniones era un signo positivo de virilidad. Cuando mis hermanas y yo expresamos nuestros pareceres, en cambio, los adultos nos indicaban que nuestro comportamiento no era correcto y que debíamos evitarlo a toda costa. Nos dijeron, sobre todo mi padre, que tener demasiada seguridad no era femenino. Pero nosotras no le hicimos caso. Aunque nuestra familia era una familia patriarcal, el hecho de que las hembras superáramos en número a los dos varones —mi padre y mi hermano—, nos permitió hablar libremente y responder. Por fortuna, cuando dejamos atrás la adolescencia surgió el movimiento feminista, que confirmó la importancia de hacerse valer como persona y de hacer oír la propia voz como elementos esenciales para construir la autoestima.

Una de las razones por las que el chismorreo es tradicionalmente más femenino que masculino es que siempre ha constituido una interacción social en la que las mujeres se sienten cómodas y pueden expresar lo que realmente piensan y sienten. Muchas veces, en lugar de decir claramente lo que piensan en el momento adecuado, las mujeres dicen lo que creen que puede complacer al oyente. Y luego, charlando en la intimidad, expresan lo que piensan de verdad. Si se cultiva bien la autoestima, esta separación entre un falso yo, inventado para complacer a los demás, y un yo más auténtico deja de ser necesaria.

El movimiento feminista ha ayudado a las mujeres a ser conscientes del poder personal que pueden obtener con la afirmación de sí mismas. En la *Revolución desde dentro*, Gloria Steinem advertía a las mujeres sobre el riesgo de alcanzar el éxito sin crear primero una base sólida de amor propio y autoestima. Ella misma había observado que las mujeres de éxito que todavía albergaban un profundo odio hacia sí mismas terminaban invariablemente estropeando los resultados obtenidos por sí solas. Y, si no expresaban su malestar abiertamente, no había que descartar que llevaran una vida de desesperación en el ámbito privado, incapaces de admitir ni ante sí mismas que en realidad el éxito no puede recomponer una autoestima dañada. Para complicar aún más las cosas, una mujer puede sentir la necesidad de fingir una autoaceptación que no siente, de hacer alarde ante el mundo de su propia seguridad y poder, y, como consecuencia de ello, experimenta un conflicto lacerante, además de sentirse desconectada de lo que es su verdadera naturaleza. Mortificada por el sentimiento de que nunca podrá revelar a nadie quién es realmente, puede elegir el aislamiento y la soledad por miedo a ser desenmascarada.

Lo mismo sucede con los hombres. Cuando un hombre de éxito alcanza la cima de su carrera, a menudo pone en peligro todo aquello por lo que ha trabajado al adoptar un comportamiento autodestructivo, sin importar si se encuentra en la base del poder económico nacional o si ha escalado hasta alcanzar su punto más elevado. Un ejemplo de ello es el presidente Clinton, cuya conducta engañosa traicionó tanto el compromiso con su familia como su responsabilidad política y moral con el pueblo estaounidense. Y lo hizo cuando su popularidad estaba en su apogeo, después de haber pasado buena parte de su vida superando todo tipo de dificultades. Su comportamiento revela una profunda quiebra en la autoestima. Aunque es un hombre blanco y rico, que ha asistido a las mejores escuelas y disfruta de todos los privilegios del puesto que ocupa, sus acciones irresponsables lo han dejado expuesto, mostrando así al mundo que no era realmente el «buen tipo» que pretendía ser. Él mismo creó la situación adecuada para escenificar una humillación pública que ciertamente refleja los momentos humillantes de su infancia, cuando alguna figura de autoridad debió de hacerle creer que no valía nada, que nunca podría tener valor lo que él hiciera. Cualquier persona con baja autoestima puede aprender algo de este ejemplo. Si logramos el éxito sin antes examinar y cambiar los inestables cimientos de nuestra autoestima, que descansan sobre una base de desprecio y odio, en algún momento del camino tropezaremos y nos caeremos.

No es fruto del azar que el sexto elemento de la autoestima sea «dar un propósito a la vida». Según Branden, esto significa asumir la responsabilidad de crear objetivos de forma consciente, identificar las acciones necesarias para alcanzarlos, adaptar el comportamiento a ellos y evaluar los resultados de las acciones realizadas para ver si realmente conducen a donde uno quiere ir. Normalmente nos preocupamos por el propósito de nuestra vida cuando tenemos que elegir un trabajo. Por desgracia, en este campo, los que trabajan sienten que tienen muy poca libertad de elección, y son muy pocos los que se percatan de que la elección de empleo puede afectar a la autoestima.

Dado el tiempo que pasamos en el trabajo, es natural que, si lo odiamos, la autoestima y la confianza en uno mismo se vean afectadas, lo cual sucede muy a menudo porque la mayoría de los trabajadores no pueden hacer el trabajo que les gustaría. Pero todos podemos darle más sentido a nuestra existencia si aprendemos a obtener satisfacción del trabajo, sea cual sea. ¿De qué manera? Por ejemplo, poniendo todo el tesón que podamos en ello. Cuando estaba enseñando en un lugar que odiaba (era el tipo de trabajo donde solo esperas ponerte enfermo y tener una excusa para quedarte en casa), la única manera de consolarme un poco era dar lo mejor de mí misma. Esta estrategia me permitió darle sentido a mi vida. Hacer bien un trabajo, aunque no nos guste, significa dejarlo con una sensación de bienestar, con nuestra autoestima intacta, y esta autoestima nos ayuda cuando buscamos un trabajo más satisfactorio.

Toda mi vida he intentado no solo hacer un trabajo que me gustaba, sino además trabajar con gente que respetaba, que me gustaba, que me era querida. La primera vez que expresé el deseo de trabajar en un ambiente que también me proporcionara afecto, mis amigos pensaron que había perdido la cabeza. Para ellos no había relación entre el amor y el trabajo. Pero yo estaba convencida de que trabajaría mejor en un ambiente marcado por una ética de amor. Ahora que la idea budista de la «recta vida» se entiende mejor, hay más personas que han asumido la convicción de que el trabajo capaz de aumentar el bienestar espiritual también fortalece la capacidad de amar. Y cuando trabajamos con amor, creamos un ambiente de trabajo en el que circula el afecto. Cuando entro en un despacho, enseguida siento si hay una atmósfera de satisfacción e interés en el trabajo. Marsha Sinetar aborda este tema en el libro *Haz lo que amas, el dinero te seguirá,* donde invita a los lectores a tener el valor de elegir el trabajo que más les guste, aprendiendo así a través de la experiencia el significado de la «recta vida».

En el libro de Sinetar hay muchas ideas interesantes sobre la elección de empleo, pero, por desgracia, cuando hacemos el trabajo que nos gusta, no siempre recibimos un sueldo satisfactorio, lo cual puede suponer una fuente de profunda decepción, pero también puede ayudarnos a entender que hacer lo que nos gusta es a veces más importante que ganar mucho dinero. A lo largo de mi vida, he tenido que aceptar empleos nada agradables para disponer de los medios y el tiempo para hacer el trabajo que me gustaba. En cierto momento de mi vida laboral, que en realidad era bastante variada, trabajé de cocinera en un local nocturno. Odiaba el humo y el ruido, pero trabajar de noche me dejaba el resto del día libre para escribir, que era el trabajo que realmente quería hacer. Y, así, cada experiencia aumentaba el valor de la otra. Trabajar por la noche me ayudó a sentir la tranquila serenidad de mi jornada y a disfrutar de la soledad que es tan esencial para escribir.

Siempre que sea posible, es aconsejable buscar un trabajo que nos guste y evitar los que detestemos. Pero a veces solo entendemos lo que debemos evitar haciéndolo. Las personas que logran ser económicamente autosuficientes haciendo el trabajo que prefieren son muy afortunadas. Su experiencia es un faro para todos nosotros, ya que nos muestra hasta qué punto el principio de la «recta vida» puede fortalecer el amor por uno mismo y aportar paz y satisfacción incluso al ámbito no laboral.

Muchas personas creen que si su vida privada es satisfactoria no importa que se sientan deshumanizadas y explotadas en el trabajo. A menudo, un empleo socava la autoestima porque obliga al individuo a demostrar su valor una y otra vez. La gente que está insatisfecha e infeliz en el trabajo lleva a casa esa energía negativa. Está claro que gran parte de la violencia que estalla en el hogar, el maltrato físico o verbal, tiene que ver en parte con la insatisfacción en el trabajo. Apoyando a los amigos y a las personas que amamos en su decisión de dejar un trabajo que amenaza su bienestar, los ayudamos a emprender el camino hacia un mayor amor propio.

Los que no tienen un empleo remunerado, los que realizan tareas domésticas no remuneradas y todos los que están felizmente desempleados suelen hacer lo que desean. No se les recompensa con un salario, pero la vida cotidiana les ofrece a menudo más satisfacción de la que podrían obtener de un trabajo bien pagado en un ambiente estresante e inhumano. Las amas de casa satisfechas —en su mayoría mujeres, pero también los poquísimos hombres que han elegido quedarse en casa— tienen mucho que enseñarnos sobre la alegría de la autodeterminación. Son dueñas de sí mismas, porque establecen las condiciones de su trabajo y la medida de su recompensa. Son libres, más que cualquier otra persona, de desarrollar una forma de «recta vida».

Nadie enseña a los jóvenes que el tipo de trabajo que hacen y la forma en que lo viven es crucial para su autoestima y amor propio. No debería sorprendernos por lo tanto que muchos trabajadores de nuestro país sean hoy en día infelices. El trabajo deprime el espíritu. Lejos de aumentar la autoestima, se experimenta como un obstáculo, como una necesidad negativa. Llevar el amor al ambiente de trabajo puede ayudar a transformarlo, haciendo de él un lugar donde, sin importar cuán humilde sea la actividad, se pueda expresar lo mejor de uno mismo. Trabajar con amor regenera el espíritu, y esta renovación es un acto de amor propio que fomenta el crecimiento. Lo importante no es lo que haces, sino cómo lo haces.

En *The Knitting Sutra*, Susan Lydon considera que tejer es una actividad libremente elegida que la hace más consciente del valor de la «recta vida»: «Las cosas que encuentro en el pequeño universo doméstico del tejido son infinitas; es un mundo más grande y profundo de lo que uno se puede imaginar, un mundo que es ilimitado e inextinguible en su capacidad de inspirar ideas creativas». Este mundo que tradicionalmente consideramos «cosa de mujeres» nos lo presenta Lydon como un lugar para descubrir la devoción mediante el acto de crear felicidad en el plano doméstico. Un hogar feliz es un lugar donde el amor puede florecer.

Un ambiente de dicha y serenidad en el hogar es especialmente beneficioso para aquellos que viven solos y están aprendiendo a quererse a sí mismos. Cuando hacemos un esfuerzo consciente para que nuestro hogar sea acogedor, para que sea un lugar en el que estemos dispuestos a dar y recibir amor, cada objeto que ponemos en él contribuye a nuestro bienestar. Yo, por ejemplo, ideo un tema para cada una de mis casas. El tema de mi piso en la ciudad es «lugar de encuentro y amor». Como soy de un pequeño pueblo de provincias, cuando me instalé en una gran ciudad, comprendí que el espacio donde vivía tenía que ser una especie de refugio para mí. Mi apartamento de dos habitaciones era mucho más pequeño que los lugares en los que estaba acostumbrada a vivir, así que decidí traerme solamente los objetos que me gustaban mucho, las cosas de las que sentía que no podía prescindir. Es increíble la cantidad de objetos con los que te puedes relacionar fácilmente. En cambio, el tema de mi casa en el campo es el desierto. Yo lo llamo «soledad hermosa»,* una maravillosa soledad. Voy allí para disfrutar de la tranquilidad y el silencio, para experimentar lo divino, para regenerarme.

De todos los capítulos del libro, este fue el más difícil de escribir. Al hablar con amigos y conocidos sobre el amor propio, me sorprendió descubrir que a mucha gente le resultaba molesto, como si asociaran la idea con un exceso de narcisismo o egoísmo. Es preciso aclarar los conceptos erróneos sobre el amor propio y dejar de asociarlo con el egocentrismo y el egoísmo.

El amor propio es la base de la capacidad de amar. Si falta, todo intento de amar está condenado al fracaso. Quererse a uno mismo significa ofrecer a la parte más íntima de nuestro ser la oportunidad de recibir el amor incondicional que uno siempre ha querido recibir. Cuando interactuamos con los demás, el amor que damos y recibimos está siempre, inevitablemente, condicionado. No es imposible, pero es raro y muy difícil, extender nuestro amor incondicional a los demás, sobre todo porque no podemos ejercer ningún control sobre su com-

* En español en el original. *(N. de la t.)*

portamiento o predecir o mantener nuestras reacciones a raya. Pero podemos controlar nuestras acciones. Podemos darnos el amor incondicional que es la premisa de la aceptación duradera y de la autoafirmación. Si nos damos este precioso regalo, podremos dirigirnos a los demás desde una posición de realización, y no de necesidad.

Una de las mejores maneras de aprender a quererse a uno mismo es darse uno el amor que a menudo sueña con recibir de los demás. Hubo un tiempo en que mi cuerpo me repugnaba, me veía como una cuarentona demasiado gorda, demasiado esto o aquello. Sin embargo, fantaseaba con encontrar un amante que me diera el regalo de amarme tal como era. Ahora entiendo lo absurdo que fue soñar con que alguien me ofreciera la aceptación y confirmación que me negaba a mí misma. La máxima «Nunca podrás amar a nadie si eres incapaz de amarte a ti mismo» tenía en mi caso todo el sentido. Y yo añadiría: «No esperes recibir de otros el amor que no puedes darte a ti mismo».

En un mundo ideal, cada uno de nosotros aprendería a amarse desde la infancia y crecería seguro de su propia valía, llevando el amor a todas partes y consiguiendo que resplandeciera nuestra propia luz. Aunque no hayamos aprendido a querernos de niños, todavía es posible la esperanza. No importa lo tenue que sea la llama, la luz del amor está siempre dentro de nosotros y espera que una chispa la encienda, que el corazón se despierte y nos traiga el primer recuerdo de cuando éramos la fuerza vital que, en la oscuridad, esperaba salir a la luz.

CAPÍTULO 5

Espiritualidad: el amor divino

> Como mujer y como amante, me conmueve la vista de mi Amado. Allí donde Él está, quiero estar yo. Lo que Él sufre, quiero sufrirlo yo. Como Él, así quiero ser: crucificada por amor.
>
> TESSA BIELECKI

Vivir la vida en íntimo contacto con el espíritu divino ayuda a ver la luz del amor que está presente en todos los seres vivos, y esa luz es fuerza de vida e instrumento de resurrección. Una cultura muerta al amor solo puede resurgir merced a un despertar espiritual. A primera vista podría parecer que Estados Unidos, que tanto adora a los dioses gemelos del dinero y el poder, ha ido tan lejos en el camino del individualismo que ya no hay espacio para la vida espiritual. Sin embargo, los muchos estadounidenses que profesan su fe en el cristianismo, en las tradiciones judías, islámicas, budistas u otras tradiciones religiosas, evidentemente piensan que la vida espiritual es importante. No parece, pues, que la crisis de la sociedad norteamericana se deba a la falta de interés en la espiritualidad. Ahora bien, este interés se halla constantemente manejado por las poderosas fuerzas del materialismo y el consumismo hedonista.

En la parte final de *El arte de amar*, un libro escrito a mediados de la década de 1950 pero que sigue siendo válido hoy en día, el psicoanalista Erich Fromm llama la atención sobre el hecho de que «el capitalismo es incompatible con el principio del amor». Y afirma: «Nuestra sociedad está dirigida por una burocracia administrativa, por políticos profesionales; los individuos están aleccionados por sugestiones colectivas que los incitan a producir y consumir más, como objetivos en sí mismos». En nuestra sociedad, el imperativo del consumo desvía la atención de las exigencias espirituales. Estamos bombardeados continuamente por mensajes que aseguran que todas nuestras necesidades pueden ser satisfechas con un bien material. La artista Barbara Kruger proclama en una de sus obras «compro, luego existo», a fin de demostrar cómo el consumismo se ha convertido en la conciencia de las masas, induciendo a la gente a pensar que son lo que poseen. Sin embargo, a medida que el ansia de posesión se intensifica, la sensación de vacío espiritual va en aumento. Y como nos sentimos espiritualmente vacíos, tratamos de compensarlo con el consumismo. Puede que no tengamos suficiente amor, pero siempre podemos comprar.

La sed espiritual de los estadounidenses surge de su aguda conciencia del vacío emocional de sus vidas; es una reacción a la falta de amor. El hábito de ir a la iglesia o la sinagoga no satisface una necesidad que surge de lo más profundo de nuestra alma. La religión organizada no ha podido satisfacer la sed de espiritualidad porque se ha adaptado a las necesidades mundanas, interpretando la vida espiritual según los valores de una cultura consumista, centrada en la producción. Esto se aplica tanto a la Iglesia cristiana tradicional como a la espiritualidad *New Age*. No es accidental que las enseñanzas de tantos maestros espirituales *New Age* estén inspiradas en una metafísica de la vida diaria que exalta las virtudes de la riqueza, el privilegio y el poder. Tomemos, por ejemplo, la afirmación *New Age* según la cual los pobres han elegido ser pobres y sufrir. Esta forma de ver las cosas nos libera a todos los privilegiados del peso de la responsabilidad, y, en lugar de incitarnos al amor y de instarnos a buscar una mayor coincidencia de intereses, demanda que invirtamos en la lógica del distanciamiento y la indiferencia.

Se ignora la interdependencia sustancial de nuestras vidas, y por eso se pueden exaltar a la vez la conquista de la espiritualidad individual y el desapego de los demás. El fundamentalismo religioso se presenta a menudo como una auténtica práctica espiritual y es objeto de atención preferente en los medios de comunicación, mientras que la práctica y el pensamiento religiosos alternativos pasan casi desapercibidos. Por lo general, los fundamentalistas, ya sean cristianos, musulmanes o adeptos a otras creencias, manipulan e interpretan el pensamiento religioso de manera que se ajuste a un *statu quo* conservador, que se proponen legitimar. Los pensadores fundamentalistas utilizan la religión para justificar su apoyo al imperialismo, al militarismo, al sexismo, al racismo, a la homofobia. Niegan incluso el mensaje unificador del amor que constituye el núcleo de todas las grandes tradiciones religiosas.

No es sorprendente, por tanto, que muchas personas que afirman creer en las enseñanzas de la religión no adopten comportamientos que reflejen esas creencias. La Iglesia cristiana, por ejemplo, sigue siendo una de las instituciones de nuestra sociedad que más practica la segregación racial. En su carta a los cristianos estadounidenses, en la cual adopta el papel del apóstol san Pablo, Martin Luther King amonesta a los fieles que apoyan la segregación:

> Americanos, debo insistir en que os libréis de cualquier forma de segregación. La segregación es una flagrante negación de la unidad que tenemos en Cristo. Sustituye la relación «yo-tú» por una relación entre «yo y el objeto», y reduce a los individuos a la categoría de cosas. Hiere el alma y degrada la personalidad. [...] Destruye la comunidad y hace imposible la fraternidad.

Este es solo un ejemplo de cómo las religiones organizadas corrompen y violan los principios de vida y de conducta dictados por la fe. Cuán diferente sería nuestra vida si todos los que dicen ser cristianos o creyentes de alguna religión constituyeran un modelo de amor para los demás.

El clamoroso mal uso de la espiritualidad y la fe religiosa podría hacernos desesperar de que una vida espiritual es posible, si no fuera porque al mismo tiempo somos testigos de un genuino interés en el despertar espiritual expresado por diversas corrientes alternativas. Pienso en los budistas que en Estados Unidos demuestran su solidaridad luchando por la liberación del Tíbet, o en las numerosas organizaciones de inspiración cristiana de todo el mundo que ofrecen ayuda, comida y refugio a los necesitados. Estos son ejemplos concretos de amor que nos hacen albergar esperanza. La teología de la liberación, por ejemplo, ofrece a los explotados y oprimidos de todo el mundo una perspectiva de libertad espiritual, que está estrechamente ligada a la lucha contra todas las formas de opresión.

Poco más de diez años después de la publicación de *El arte de amar* de Eric Fromm, apareció una selección de sermones de Martin Luther King bajo el título de *La fuerza de amar*, en los cuales se exaltaba el amor como una fuerza espiritual que unifica y liga la vida. Como el libro de Fromm, estos escritos abogaban por el renacimiento de la vida espiritual, criticando el capitalismo, el materialismo y la violencia utilizada para imponer la explotación y privar a otros seres humanos de su dignidad. En un discurso antibelicista pronunciado en 1967, King declaró:

> Cuando hablo de amor no estoy hablando de una reacción débil y sentimental. Hablo de esa fuerza que todas las grandes religiones consideran el principio unificador supremo de la vida. El amor es la llave que abre la puerta que conduce a la realidad última. Esta creencia hindú-musulmana-cristiana-judía-budista en una realidad última está magníficamente condensada en la Primera Epístola de san Juan: «Queridos hermanos, amémonos los unos a los otros, porque el amor viene de Dios y el que ama nace de Dios y conoce a Dios».

A lo largo de su vida, Martin Luther King fue siempre un profeta del amor. A finales de la década de 1970, cuando hablar de espiritualidad ya no estaba de moda, volví a menudo a sus escritos y a los de Thomas Merton. Para ambos, el amor era el instrumento para la realización espiritual.

En «Amor y necesidad», Merton enaltece el poder del amor:

> Amar significa vivir más intensamente; el amor es la totalidad, la plenitud, la totalidad de la vida. [...] La curva de la vida se eleva hacia arriba, alcanza un pico de intensidad, una cima de valor y significado en la que todas las posibilidades creativas latentes entran en acción y la persona se trasciende a sí misma en el encuentro, la respuesta y la comunión con el otro. Para eso hemos venido al mundo, para experimentar esta comunión y

> trascendernos a nosotros mismos. Nuestra humanidad no está completa hasta que nos entregamos al otro en el amor.

Las ideas expresadas por Fromm, Martin Luther King y Merton son muy diferentes de las defendidas por pensadores contemporáneos. En sus obras, el énfasis está siempre en el amor como una fuerza activa que debe permitirnos establecer una comunión más profunda con el mundo. En sus palabras, el amor no es simplemente un medio para lograr una mayor satisfacción individual, sino que es ensalzado como una herramienta primaria para acabar con la dominación y la opresión. En el pensamiento actual, es raro encontrar esta politización del amor tan importante.

Disfruto leyendo las obras más difundidas de la *New Age* sobre el amor, pero a menudo me asalta la idea de que una retórica espiritual que concede tanta importancia a la mejora individual y tan poca al ejercicio del amor dentro de una comunidad solo puede fomentar un peligroso narcisismo. Empaquetada como un bien de consumo, la espiritualidad termina no siendo muy diferente de un programa de ejercicios. Es un producto que puede hacer que los consumidores se sientan mejor, que aprecien más la vida, pero que pierde la capacidad de ayudarnos a comunicarnos con nosotros mismos y con los demás. En *The Active Life: Wisdom for Work, Creativity and Caring*, Parker Palmer escribe:

> Vivir la vida con plenitud significa actuar [...], y por acción me refiero a las diversas formas en que podemos participar en la creación de la realidad junto con otros seres y asistidos por el Espíritu. [...] La acción es, como los sacramentos, la forma visi-

ble de un espíritu invisible, la manifestación externa de un poder interior. Pero cuando actuamos, además de expresar lo que está dentro de nosotros y ayudar a dar forma al mundo, acogemos lo que está fuera de nosotros y modificamos nuestro ser interior.

La elección de una vida espiritual exige algo más que la lectura de un buen libro o el retiro a un lugar donde el espíritu se restaure; requiere una práctica consciente, la voluntad de armonizar la forma de pensar con la forma de actuar.

La vida espiritual es primordialmente el compromiso con una forma de pensar y de comportarse que tenga en cuenta los principios de interdependencia e interconexión entre los seres. Cuando hablo de espiritualidad me refiero a algo que todos reconocemos en lo más profundo de nuestro ser, a la existencia en la vida de cada uno de un lugar de misterio en el que las fuerzas que van más allá del deseo y la voluntad humana cambiarán las circunstancias y guiarán al individuo, indicándole la dirección que debe seguir. Cuando hablo de «espíritu divino» me refiero a este conjunto de fuerzas. Al elegir llevar una vida marcada por la espiritualidad, reconocemos y celebramos la presencia de espíritus trascendentes. Algunos llaman a esta presencia alma; otros lo denominan Dios, el Amado, conciencia o poder superior. Otros afirman que no se puede nombrar; para ellos es simplemente el espíritu que circula dentro y a través de nosotros.

El compromiso con una vida espiritual implica adherirse al principio de que el amor lo es todo, que es nuestro verdadero destino. A pesar de la enorme presión que nos empuja a conformarnos con los valores de una civilización que carece de ellos, seguimos intentando buscar y conocer el amor. Esta búsqueda es en sí misma una manifestación del espíritu divino. La cultura contemporánea está impregnada de un peligroso nihilismo, que atraviesa las fronteras de raza, clase, género y nacionalidad. A todos nos afecta tarde o temprano. Todas las personas que conozco tienen momentos de depresión o incluso de desesperación por el estado en que se encuentra el mundo. Hay muchas razones que pueden llevar a la desesperanza: la presencia continua de la violencia a nivel mundial, que se expresa en la persistencia de las guerras, el hambre y la muerte por inanición; la realidad cotidiana de la violencia; la presencia de enfermedades mortales que provocan la muerte inesperada de amigos, compañeros y personas queridas. La experiencia del amor o la esperanza de llegar a conocerlo es el ancla que nos amarra a la vida y nos impide ir a la deriva en un mar de desesperación. En *Camino con corazón*, Jack Kornfield afirma que «en el fondo de todas nuestras actividades hay una corriente de amor, un deseo de amor».

La espiritualidad y la vida espiritual nos dan la fuerza para amar. En la vida cotidiana no suele suceder que un individuo decida tener en cuenta las dimensiones espirituales de la existencia si no ha tenido antes contacto con el pensamiento o la práctica religiosa tradicional. Los maestros espirituales son guías importantes, que pueden convertirse en los catalizadores de nuestro despertar espiritual. Otra fuente de crecimiento espiritual es la comunión y la amistad con almas similares a la nuestra. Los maestros espirituales hacen brillar su luz para que otros vean, no solo para servir de ejemplo, sino para recordarse continuamente a sí mismos que la expresión más gloriosa de la espiritualidad es su traducción en actos, en hábitos de vida. Como bien apunta Jack Kornfield:

Cualquier otra enseñanza espiritual será inútil si no somos capaces de amar. Hasta los estados de exaltación más elevados y los logros espirituales más excepcionales carecen de importancia si no somos felices de las maneras más elementales y sencillas, si no somos capaces de tocar el corazón de otra persona, si no sentimos con el corazón la vida que se nos ha dado. Lo que importa es cómo vivimos.

Para muchos de nosotros, la iglesia es el lugar donde oímos por primera vez un nuevo mensaje sobre el amor, uno distinto a los confusos mensajes que se reciben en el seno de una familia disfuncional. Las dimensiones místicas de la fe cristiana (la convicción de que todos somos un solo ser, que el amor está en todas partes), que conocí en la niñez cuando asistía a los oficios religiosos, representaban para mí una posibilidad de redención. En la iglesia aprendí que Dios es amor, pero también que en el corazón y la mente del espíritu divino los niños son especiales. Para mí, que soñaba con ser escritora, que valoraba la vida de la mente por encima de todo, era sumamente importante la Primera Epístola a los Corintios, de la cual me aprendí algunos pasajes de memoria, especialmente el «Himno al amor». Desde entonces he reflexionado a menudo sobre el pasaje que proclama:

> Si hablara las lenguas de los hombres y de los ángeles, pero no tengo amor, no sería más que un metal que resuena o un címbalo que aturde. Si tuviera el don de profecía y conociera todos los secretos y todo el saber; si tuviera fe como para mover montañas, pero no tengo amor, no sería nada. Si repartiera todos mis bienes entre los necesitados; si entregara mi cuerpo a las llamas, pero no tengo amor, de nada me serviría.

A lo largo de mi etapa en la universidad, mientras trabajaba para terminar mi doctorado y me esforzaba por mantener mi compromiso con la vida espiritual en un mundo que no aprecia la espiritualidad, pensaba a menudo en esas enseñanzas de la Biblia sobre la primacía del amor. Su sabiduría evitó que mi corazón se endureciera. La oportunidad que me brindaron fue esencial para mi supervivencia durante aquellos años. Cuando el entorno en el que vives y que mejor conoces no le concede ningún valor al amor, la vida espiritual es un oasis donde puedes encontrar consuelo y reponer fuerzas.

La adquisición de conocimientos sobre la espiritualidad no equivale en modo alguno a un compromiso con la vida espiritual. Como dice Jack Kornfield:

> Cuando tomamos la senda de la vida espiritual, hay que asegurarse de algo muy básico: que el camino que sigamos esté conectado con nuestro corazón. Cuando emprendemos un auténtico viaje del espíritu tenemos que estar mucho más cerca de casa, centrarnos en lo que está justo aquí delante de nosotros, para asegurarnos de que el camino que tomamos esté conectado con nuestro amor más profundo.

Cuando empezamos a experimentar lo sagrado en la vida cotidiana, esta aporta una calidad completamente nueva de concentración y compromiso a las tareas de cada día. Reconocemos el espíritu divino en todas partes. Esto ocurre sobre todo en momentos de dificultad. Muchas personas, de hecho, recuperan la espiritualidad solamente cuando se encuentran en dificultades, con la esperanza de que el dolor desaparezca como por ensalmo. Normalmente descubrimos que el momento de sufrimiento, el momento en el que nos sentimos quebrados en nuestro espíritu, si se acepta y se comprende, es también un momento de paz y posibilidad. No es que el sufrimiento termine como por arte de magia, simplemente aprendemos a reciclarlo en una sabia alquimia. Acaba convirtiéndose en ese abundante residuo que usamos para hacer posible un nuevo crecimiento. Por eso la Biblia nos invita a «tener por sumo gozo las pruebas más duras». La capacidad de aceptar el sufrimiento es uno de los dones que pertenecen a aquellos que eligen una vida espiritual.

La práctica espiritual, para ser significativa, no tiene que estar necesariamente vinculada a una de las religiones establecidas. Algunos encuentran una íntima conexión espiritual en una existencia en comunión con el mundo natural y el compromiso ecológico. Uno puede expresar su espiritualidad a través de la meditación y la oración, asistiendo a la iglesia, la sinagoga o la mezquita, o creando un lugar de recogimiento en su propia casa. Para algunas personas, los servicios comunitarios son una práctica espiritual que expresa su amor a los demás. Cuando decidimos permanecer en contacto con las fuerzas divinas que impregnan el mundo que nos rodea y nuestro mundo interior, es que hemos elegido llevar una vida espiritual.

A menudo estudio las palabras de los maestros espirituales, que luego me sirven de guía para la reflexión y la acción. Hasta en la cultura alternativa se puede observar un despertar espiritual: hay cada vez más libros, revistas y grupos de adeptos que se reúnen para celebrar sus ritos particulares y entrar en comunión con lo divino. El contacto con otras personas que buscan la verdad es una fuente de inspiración muy importante. Como las raíces de mi espiritualidad están en la tradición cristiana, la iglesia tradicional sigue siendo el lugar donde voy a rezar y a tener contacto con otros creyentes; pero también practico desde hace algún tiempo la meditación budista. Cada cual debe elegir la forma de expresar la espiritualidad que le sea más grata. Por eso los pensadores progresistas nos invitan a ser tolerantes, a recordar que, por muy diferentes que sean nuestras elecciones, todos formamos parte de una única comunidad unida por el amor.

El despertar espiritual que se está abriendo paso lentamente solo puede convertirse en la norma si todos logramos romper los tabúes de la cultura dominante, que niegan el deseo generalizado de espiritualidad. Durante mucho tiempo, buena parte de mis amigos y compañeros de trabajo no supieron que me dedicaba a la práctica espiritual. Entre los pensadores y estudiosos progresistas era mucho más vanguardista, más interesante y más aceptable expresar ideas ateas que declarar una apasionada devoción al espíritu divino. Además, al hablar de mis creencias espirituales, nunca quise causar la impresión de que quería convertir a alguien o tratar de imponer mis ideas.

Empecé a hablar más abiertamente sobre el lugar que ocupaba la espiritualidad en mi vida cuando me di cuenta de la desesperación de mis alumnos, su sensación de impotencia, su miedo a que la vida no tenga sentido, su profunda soledad como personas sin amor. Cuando varios estudiantes jóvenes, guapos y brillantes vinieron a mi despacho para relevarme su desánimo, pensé que era irresponsable por mi parte limitarme a escucharlos y a compadecerlos sin tener el coraje de contarles cómo había afrontado yo misma momentos similares. Pero para ello tenía que estar dispuesta a hablar abiertamente sobre mi vida espiritual. Y para hablar de mis elecciones tenía que encontrar una forma de hacerlo que no implicara que esas elecciones eran también las elecciones correctas para los demás.

Mi vida se sustenta sobre la convicción de que Dios es amor, que el amor lo es todo, que es nuestro verdadero destino. Afirmo estas creencias por medio de la meditación y la oración diaria, de la contemplación y la ayuda a los demás, de la participación en el culto y la disposición afectuosa hacia los que están cerca de mí. En la introducción a *Lovingkindness*, Sharon Salzberg explica que Buda, cuando habla de la práctica espiritual, la define como «la liberación del corazón, que es el amor». Salzberg nos invita a recordar que la práctica espiritual ayuda a superar la sensación de aislamiento, que «revela el corazón radiante y alegre que está dentro de cada uno de nosotros y manifiesta su esplendor al mundo». Todos necesitamos conocer las necesidades de nuestro espíritu, y este conocimiento es lo que impulsa nuestro despertar espiritual, lo que nos lleva al amor. En el Evangelio según san Juan hay un pasaje que nos recuerda que «quien no ama permanece en la muerte».

Todo despertar al amor es un despertar espiritual.

CAPÍTULO 6

Valores: vivir conforme a la ética del amor

Tenemos que vivir día tras día, trabajar día tras día, hasta que la raza humana esté definitivamente afirmada sobre la base del amor a Dios. En un paradigma auténticamente democrático, el amor al poder no se da por afecto al poder.

MARIANNE WILLIAMSON

Solo podemos volver a encontrar el amor si nos liberamos de la obsesión por el poder y el dominio sobre los demás. Todas las esferas de la vida estadounidense —política, religión, trabajo, familia, relaciones íntimas— deberían basarse en una ética del amor. Los valores fundamentales de una cultura y su ética conforman e impregnan nuestro modo de hablar y actuar. Una ética del amor presupone que todos tenemos derecho a ser libres, a vivir una vida plena y hermosa. Para que sea posible aplicarla a todas las dimensiones de la vida, la sociedad en la que vivimos debe tomar el camino del cambio. En las últimas páginas de *El arte de amar*, Erich Fromm afirma que «para que el amor se convierta en un fenómeno social, y no en una manifestación marginal y netamente individual, es necesario introducir cambios importantes y radicales en nuestra estructura social». Las personas que deciden amar cambian su vida poniendo la ética del amor en primer lugar, lo cual implica la decisión de trabajar con personas que uno admira y respeta, la voluntad de comprometerse plenamente en las relaciones, la adhesión a una filosofía global que considera que la existencia y el destino de cada cual está íntimamente conectado con los de todos los demás habitantes del planeta.

La adopción de una ética de amor transforma la vida, ofreciendo diferentes valores para inspirar la propia existencia. Tanto en las grandes elecciones como en las inclinaciones más triviales, uno se guía por la convicción de que todas las decisiones, ya sean públicas o privadas, deben basarse en la honestidad, la claridad y la integridad personal. Decidí mudarme a una pequeña población para poder estar cerca de mi familia, aunque no era un lugar tan estimulante en términos culturales como la ciudad que abandoné. Algunos amigos míos viven con sus padres ancianos, cuidando de ellos, a pesar de que ganan lo suficiente como para establecerse por su cuenta. Si vivimos conforme a una ética del amor aprenderemos a apreciar la lealtad y el apego a los vínculos más importantes, anteponiéndolos a las mejoras materiales. La carrera y el sueldo siguen siendo objetivos importantes, pero el valor de la vida humana y el bienestar personal deben ser lo primero.

No conozco a nadie que haya adoptado una ética del amor y no tenga una vida más feliz y más satisfactoria. La idea tan generalizada de que el comportamiento ético priva a la vida de toda su alegría es rotundamente falsa. En realidad, una vida ética garantiza que todas nuestras relaciones personales, incluidos los contactos con desconocidos, contribuyan al crecimiento espiritual. Comportarse de forma poco ética, sin pensar en las consecuencias de nuestros actos, es casi como alimentarse a base de comida basura. Sabe bien, pero al final el cuerpo nunca se nutre bien y se encuentra en un persistente estado de deficiencia y necesidad. Cuando actuamos sin ética, el alma siente ese vacío y nuestro espíritu y la humanidad de los demás se ven humillados por ello.

Algunos escritores de la *New Age* afirman que si adoptas una ética del amor, la vida cambia para mejor, pero sus enseñanzas solo llegan a los que disfrutamos de privilegios de clase. A menudo, quienes llevan una vida plena desde el punto de vista material y espiritual, y pueden contar con amigos de las más diversas procedencias que enriquecen su existencia, suelen decir a los demás que son cosas imposibles de conseguir. Me refiero a los muchos profetas de la desgracia que están convencidos de que el racismo nunca terminará, el sexismo está destinado a permanecer para siempre jamás y los ricos nunca compartirán sus recursos con los pobres. Si pudiéramos entrar en su vida por un día, nos quedaríamos estupefactos al descubrir que poseen muchas cosas que ellos mismos dicen que son inalcanzables. Fieles a la idea capitalista de bienestar, creen realmente que no hay suficiente para todos y que disfrutar de un buen nivel de vida es algo reservado para unos pocos.

Recientemente, hablando ante un público universitario, tuve la oportunidad de expresar mi confianza en la capacidad de los blancos para hablar claramente contra el racismo, desafiando y desmantelando los prejuicios existentes al respecto, y expresé con firmeza mi creencia en que todos podemos cambiar nuestra forma de pensar y actuar. Hice hincapié en que esta fe mía no viene de un deseo utópico, sino de la historia de nuestra nación, formada por muchos individuos que han sacrificado la vida en pro de la justicia y la libertad. Cuando alguien objetó que estos individuos eran excepciones, manifesté que estaba de acuerdo, pero también le pregunté si no había llegado el momento de adoptar un punto de vista diferente y de situarnos entre los que cambian las cosas en lugar de entre las masas que rechazan el cambio. Lo que convirtió a esos individuos en seres excepcionales no fue una inteligencia superior o una humanidad más rica que la de quienes estaban a su lado, sino la voluntad de vivir auténticamente los valores en los que creían.

He aquí otro ejemplo. En Estados Unidos, si vas de casa en casa para hablar de la violencia doméstica, te encontrarás con que la gran mayoría de los ciudadanos no aprueban la violencia de los hombres contra las mujeres y, de hecho, la consideran moral y éticamente censurable. Pero si luego se les explica que solo se puede acabar con la violencia machista desafiando al patriarcado, y que esto significa rechazar la idea de que los hombres deban tener más derechos y privilegios que las mujeres, además de poder sobre ellas, solo porque son biológicamente diferentes, el consenso se desvanece. Existe un abismo entre los valores que estas personas dicen defender y su voluntad de llegar hasta el final, comprometiéndose a traducir el pensamiento en acción, y la teoría en práctica, para crear una sociedad más justa.

Lamentablemente, muchos ciudadanos de Estados Unidos, aunque están orgullosos de vivir en uno de los países más democráticos del mundo, se muestran reacios a defender a quienes viven bajo gobiernos represivos y fascistas. Tienen miedo de defender sus propias convicciones. Si fueran coherentes, tendrían que cuestionar el *statu quo* tan querido por los conservadores. Negarse a defender lo que creen debilita la moral y la ética de los individuos y de la sociedad en su conjunto. No es de extrañar, pues, que los estadounidenses, independientemente de su raza, clase y género, aunque afirmen ser religiosos y creer en el poder divino del amor, sean colectivamente incapaces de adoptar y poner en práctica una ética del amor, especialmente si ello implica una postura a favor de un cambio radical.

El miedo a ese cambio radical induce a muchos ciudadanos estadounidenses a traicionar sus propias ideas y sus sentimientos. Sin embargo, el cambio radical es algo cotidiano, y lo afrontamos superando el miedo. Por lo general, se trata de cambios inevitables. Las nuevas tecnologías, por ejemplo, han obligado a todo el mundo a familiarizarse con los ordenadores. Si somos capaces de enfrentarnos a «lo desconocido» es porque podemos superar el miedo a un cambio radical. Por supuesto, el *statu quo* no tiene ningún interés en animarnos a hacer frente al miedo al amor, porque una adhesión colectiva a una ética del amor se traduciría en el rechazo de muchas de las decisiones políticas adoptadas y apoyadas por los conservadores.

Solo si nuestra sociedad es capaz de afrontar el miedo colectivo al amor, podremos elegir una nueva ética que nos inspire y nos dé el valor para introducir los cambios necesarios. A este respecto Fromm explica:

> La sociedad debe organizarse de modo que la naturaleza social y amorosa del hombre no se halle separada de su existencia social, sino que esté unida a ella. Si es cierto, como he tratado de demostrar, que el amor es la única solución válida al problema de la existencia humana, entonces una sociedad que excluye el desarrollo del amor, a la larga, ha de perecer por sus contradicciones con las necesidades fundamentales de la natu-

> raleza humana. En realidad, hablar de amor no significa «predicar», por la sencilla razón de que significa hablar de la única y verdadera necesidad de todo ser humano. [...] Tener fe en la posibilidad del amor como fenómeno social, y no solo como manifestación individual, es tener una fe racional que se basa en la esencia misma del hombre.

La fe ayuda a superar el miedo. Podemos recuperar nuestra fe en el poder transformador del amor cultivando el valor de luchar por lo que creemos, para asumir nuestras responsabilidades con palabras y hechos.

En la Primera Epístola de san Juan hay un pasaje que me gusta de manera especial; dice así: «No hay temor en el amor, sino que el amor perfecto expulsa el temor, porque el temor tiene que ver con el castigo; quien teme no ha llegado a la plenitud en el amor». Es una frase que me encanta desde que era niña. Me fascinaba que se repitiese tanto la palabra «perfecto». Sin embargo, yo solo la concebía en relación con la ausencia de fallos y defectos. Habiendo crecido en la convicción de que, al menos en este sentido, la perfección está fuera del alcance de los seres humanos, necesariamente imperfectos, prisioneros de las miserias y limitaciones del cuerpo, esta exhortación a conocer el amor perfecto me impactó. Me parecía una apelación fantástica, pero poco práctica. Solo salí de este callejón sin salida cuando, al buscar una definición más profunda y compleja de la palabra «perfecto», pude encontrar una que subrayaba la voluntad de «refinarse».

De repente, el pasaje se me iluminó. El «amor perfecto» capaz de vencer el miedo no es más que un proceso de refinamiento y transformación en el que se pasa de un estado a otro.

Cuando amamos, el miedo desaparece ineludiblemente. Se suele pensar que para alcanzar la perfección hay que trabajar duro; pero lo cierto es que para lograr ese resultado no hay que hacer nada: aparece, sin más. Es el regalo que nos ofrece el amor perfecto. Para recibirlo debemos entender primero que «en el amor no hay miedo». Sin embargo, todos tenemos miedo, y el miedo nos impide confiar en el amor.

Las sociedades que se basan en la voluntad de poder cultivan el miedo para garantizarse la obediencia. En nuestra sociedad concedemos mucha importancia al amor y hablamos muy poco del miedo, pero todos sentimos un miedo terrible la mayor parte del tiempo. Estamos colectivamente obsesionados por la idea de seguridad, y en cambio no nos preguntamos por qué vivimos en un estado de constante ansiedad y terror. El miedo es el principal soporte de las estructuras de poder; conduce al deseo de desapego y anonimato. Cuando nos enseñan que la seguridad reside solamente en lo idéntico a nosotros acabamos sintiendo como una amenaza cualquier tipo de alteridad o diferencia. Al decantarnos por el amor, elegimos luchar contra el miedo, luchar contra el distanciamiento y la separación. La elección de amar es una inclinación hacia la conexión, es la elección de salir al encuentro del otro.

Como somos prisioneros del miedo, no podremos optar por una ética del amor más que mediante un proceso de conversión. El filósofo Cornel West afirma que «la adopción de un cambio radical» puede reavivar la esperanza. Llama la atención sobre el nihilismo que impregna nuestra sociedad y a este respecto nos recuerda que «el nihilismo no se supera con argumentos o análisis, se domina solo con amor y solicitud. Las enfermedades del alma únicamente pueden ser derrotadas a través de la conversión espiritual. Esta conversión tiene lugar a través de la afirmación del propio valor, una afirmación alimentada por el interés en los demás». Cada vez hay más personas que optan por una ética del amor para tratar de acabar con el profundo sentimiento de desesperación que las invade. Hay señales de que esta conversión ya está teniendo lugar en estos momentos. Es por ejemplo sumamente aleccionador que libros como *El cuidado del alma* de Thomas Moore —una obra que nos invita a recuperar los valores fundamentales de la existencia y a tomar decisiones que afirmen la relación de interconexión que une a los seres humanos— sean leídos por un público muy amplio.

Optar por una ética del amor significa vivir día a día todas las dimensiones del amor: el cuidado, el compromiso, la confianza, la responsabilidad, el respeto y el conocimiento. Para ello, es preciso cultivar la propia conciencia, la capacidad de análisis crítico que nos permite saber cómo cuidar a los demás, cómo ser responsables, respetuosos y siempre capaces de aprender. Es importante considerar el conocimiento como un elemento esencial del amor, porque todos los días nos bombardean con mensajes que nos dicen que el amor tiene un fuerte componente de misterio, que es por su misma esencia incognoscible. A menudo vemos en las películas a personas enamoradas que ni siquiera dialogan, que terminan en la cama sin hablar nunca de sus cuerpos, de sus necesidades sexuales, de sus gustos y aversiones. El mensaje que recibimos de los medios de comunicación es, en resumen, que el conocimiento hace que el amor sea menos fascinante; que es la ignorancia la que da al amor su poder erótico y transgresor. Normalmente, este mensaje viene de productores que solo se preocupan por los rendimientos económicos, que no conocen el arte del amor y no saben cómo retratar una auténtica relación amorosa.

Si todos exigiéramos a los medios de comunicación imágenes que reflejasen la auténtica realidad del amor, sería posible conseguir lo que estamos buscando; supondría un cambio radical para nuestra cultura. Los medios de comunicación insisten en retratar un mundo basado en el poder y la violencia y ayudan a perpetuarlo, porque los creadores de imágenes conocen esta realidad mucho mejor que la del amor. Todos sabemos cómo es la violencia. Las investigaciones realizadas, con una intención más o menos crítica, sobre los medios de comunicación han demostrado que la representación de la violencia, especialmente si va acompañada de sangre y acción trepidante, capta mejor la atención de los espectadores que cualquier imagen de paz y serenidad. Las pocas personas que producen la mayoría de las imágenes que llegan a nuestras pantallas no han mostrado hasta ahora ningún interés en proponer imágenes de amor que puedan captar y encender la imaginación, y mantener así la atención de los espectadores.

Si se inspiraran en una ética del amor, considerarían esencial la reflexión crítica sobre las imágenes que crean y la influencia que tienen en nuestro pensamiento y actuación diarios y en la cultura en su conjunto. Y si no conocieran bien el terreno del amor, siempre podrían contratar asesores que les proporcionaran la información necesaria. Aunque algunos estudiosos intentan convencernos de que no hay una relación directa entre la violencia filmada y la violencia real, el sentido común nos dice que es imposible que las imágenes que consumimos y el espíritu con el que las miramos no nos afecten. Si se responde a la demanda de entretenimiento del consumidor con la difusión de imágenes violentas y deshumanizadoras, es muy probable que en la vida cotidiana no estemos preparados para reaccionar con desprecio o preocupación a la manifestación de la violencia. Si las interacciones basadas en el amor estuvieran más representadas, el impacto en nuestra vida sería ciertamente positivo.

Para poder cambiar el tipo de imágenes que proponen los medios de comunicación, debemos ser conscientes de que la inmensa mayoría se elaboran desde un punto de vista patriarcal. Esas imágenes no cambiarán en tanto no se produzca un cambio de perspectiva; en tanto no se cambie la forma de pensar. Los hombres y mujeres que no se consideran víctimas del poder patriarcal no se toman en serio la necesidad de desafiarlo y luchar contra él. Pero siempre es posible cambiar de enfoque. Son muchas las personas que sufren el yugo de las instituciones patriarcales y, en particular, de la dominación masculina. La mayoría de las imágenes que vemos son producidas por individuos que tienen interés en perpetuar el patriarcado; para ellos el hecho de proponer representaciones de la realidad que reflejen sus valores y los de las instituciones sociales que quieren preservar no es más que una inversión. El patriarcado, como todo sistema de dominación (el racismo es otro ejemplo), se basa en el principio —y así se socializa— de que en toda relación entre los seres humanos hay un superior y un inferior, un fuerte y un débil, y que, por lo tanto, es natural que los poderosos dominen a los desamparados. Para los defensores del pensamiento patriarcal, cualquier forma de mantener el poder es aceptable. Es obvio que los que han aprendido a pensar de esta manera estarán más inclinados a responder a las escenas de maltrato y violencia que a las de cuidado y amor. Los productores de imágenes, sin embargo, necesitan un público consumidor al que vender su producto. De ahí que podamos pedir que las cosas cambien.

Al contribuir con sus críticas a cambiar esta forma de pensar, el movimiento feminista ha hecho posibles muchos cambios, al tiempo que ha ofrecido a mujeres y hombres la oportunidad de vivir una vida más satisfactoria. Pero para los que están en el poder, el pensamiento patriarcal sigue siendo la norma. Ahora bien, esto no implica que no tengamos derecho a pedir que cambie este estado de cosas. Como consumidores, tenemos un poder que podemos ejercer en todo momento decidiendo conscientemente no invertir tiempo, energía ni dinero en apoyar la producción y difusión de imágenes que no reflejen valores positivos y que nieguen una ética del amor. Sin embargo, esto no debe servir de pretexto para el establecimiento de mecanismos de censura. Los medios de comunicación no son responsables de todos los males del mundo. No han creado, por ejemplo, la violencia doméstica, que se extendió mucho antes de que existiera la televisión. Pero todos sabemos que los medios son capaces de dar glamur a cualquier forma de violencia, presentándola de manera que parezca interesante y seductora. Los productores de imágenes podrían utilizar los medios para criticar la violencia. Nos lleven o no a ser «más» violentos, las imágenes que justifican la violencia la presentan como un instrumento aceptable de control social, lo cual implica que no tiene nada malo que un individuo o grupo domine a otro.

Pero la dominación sobre los demás no puede existir en un contexto social en el que prevalezca una ética del amor. Es importante recordar la concepción de Jung según la cual donde reina el amor, no existe la voluntad de poder. Cuando hay amor, el deseo de dominar y ejercer el poder no puede ser la regla. Todos los grandes movimientos sociales en defensa de la libertad y la justicia han promovido siempre una ética del amor. Aquellos que se preocupan por el bien colectivo de su nación, su ciudad o su vecindario tratarán de cultivarlo y de defenderlo. Si todas las medidas políticas estuvieran inspiradas en el amor, no existirían los problemas relativos al desempleo, la falta de vivienda, la insuficiencia del sistema escolar y la adicción a las drogas.

Si, en cada ciudad, en cada pueblo, por pequeño que sea, las decisiones políticas se inspirasen en una ética del amor, todo el mundo trataría de llegar a un acuerdo y crear programas capaces de mantener el bienestar colectivo. En el magnífico *Altars in the Street*, Melody Chavis cuenta cómo un grupo de personas decidieron unirse, superando sus diferencias de raza y clase, para mejorar el entorno en el que vivían. Melody es una mujer blanca que se muda junto con su familia a una comunidad mayoritariamente negra, y cuenta la historia desde esa perspectiva. Al haber adoptado una ética de amor, Melody se compromete a crear condiciones de amor y paz en el vecindario junto con el resto de sus conciudadanos. Su labor llega a buen puerto, pero sus logros se ven socavados por la falta de apoyo de las autoridades de la ciudad. Al mismo tiempo, Melody trabaja para ayudar a los prisioneros del corredor de la muerte: «A veces creo que, tanto en el corredor de la muerte como en mi barrio, he tratado de controlar la violencia que ha habido siempre en mi vida. De niña, estaba completamente indefensa ante la violencia». El libro muestra cómo una ética del amor puede cambiar las cosas incluso en las situaciones más problemáticas, pero también nos revela que, cuando el terror y la violencia se aceptan como algo normal, las consecuencias para la vida humana pueden ser trágicas.

Cuando una pequeña comunidad organiza su existencia de acuerdo con una ética del amor, todos pueden vivir positivamente cada aspecto de la vida diaria. En *Another Turn of the Crank*, el poeta de Kentucky Wendell Berry escribe elocuentemente sobre los valores positivos de las comunidades rurales que adoptan una ética comunitaria y comparten los recursos. En esa obra en prosa, Berry demuestra hasta qué punto los intereses de las grandes industrias se han traducido en la destrucción de las comunidades rurales y nos recuerda que, hoy en día, comunidades de todo tipo están condenadas a sufrir el mismo destino. El poeta nos anima a tomar ejemplo de los que deciden vivir en grupo y se dejan gobernar por el amor y el espíritu común. Al enumerar algunos de los valores presentes en esas comunidades, escribe:

> Son personas que han adoptado una visión generosa y desinteresada de la autoconservación; no creen que puedan sobrevivir y prosperar siguiendo la ley del más fuerte; no creen que para tener éxito sea necesario derrotar, destruir, vender o explotar todo excepto a ellos mismos. Dudan que la violencia pueda proporcionar soluciones válidas. Quieren preservar lo que es precioso en la naturaleza y la cultura humana y transmitirlo a sus hijos. [...] Entienden que el bienestar común y el interés común no se llevan bien con la codicia. [...] Saben que el trabajo debe ser necesario, bueno, satisfactorio y digno para quienes lo realizan; y que debe ser verdaderamente útil y aceptable para las personas para las cuales se hace.

Me gusta vivir en un pueblo pequeño precisamente porque es más fácil que en estas comunidades los principios fundamentales de una ética del amor sigan vivos, y que los que allí viven traten de regular su existencia de acuerdo con ellos. En el pueblo donde vivo (ahora solo una parte de mi tiempo) reina un espíritu de cordialidad, amistad, atención y respeto por los demás. Estos mismos valores existían en los cuatro barrios de la ciudad donde crecí. Ahora paso la mayor parte del tiempo en Nueva York, pero incluso allí vivo en un edificio de apartamentos donde todos nos conocemos y trabajamos para proteger y aumentar nuestro bienestar colectivo. Nos esforzamos para que en nuestro hogar haya un ambiente positivo y acogedor. Todos estamos de acuerdo en que la honestidad y el cuidado mutuo hacen la vida mejor, y tratamos de vivir conforme a una ética de amor.

Se necesita valor para vivir según los principios del amor (cuidado, respeto, conocimiento, honestidad y voluntad de cooperación), porque para ello hay que aprender a afrontar los miedos. No es que el miedo vaya a desaparecer, simplemente dejará de ser un obstáculo. Los que ya han decidido adoptar una ética de amor saben que cuando dejamos que nuestra luz brille, atraemos a los que brillan con la misma luz y nos sentimos atraídos por ellos. No estamos solos.

CAPÍTULO 7

Avaricia: nada más que amor

La desaparición de la codicia y el odio es la base de nuestra liberación. La liberación es «la libertad segura del corazón», una comprensión tan auténtica de la verdad que una vez que la hemos hecho nuestra es imposible darle la espalda.

SHARON SALZBERG

Aunque vivimos codo con codo con nuestros vecinos, en nuestra sociedad mucha gente se siente aislada, sola, lejos de los demás. El aislamiento y la soledad son algunas de las principales causas de la depresión y la desesperación, y son el resultado de una cultura en la que las cosas importan más que las personas. El materialismo crea un mundo de narcisistas que anteponen la posesión y el consumo a cualquier aspecto de la vida. En una cultura dominada por el narcisismo, el amor no puede prosperar. El individualismo imperante es una respuesta directa a la incapacidad de Estados Unidos para hacer realidad la idea de democracia expresada en la Constitución y la Declaración de Derechos. Abandonados a nosotros mismos en un mundo donde impera el egoísmo, no hacemos más que consumir y consumir sin preocuparnos por los demás. Cuando se impone una ética basada en el dominio, la codicia y la explotación se convierten en la norma y traen consigo falta de amor y alejamiento de los demás. El profundo desierto espiritual y emocional de nuestras vidas es un terreno fértil para la codicia material y el consumismo desenfrenado. En un mundo sin amor, el deseo de relacionarse con los demás puede ser reemplazado por el ansia de posesión. Las necesidades emocionales son difíciles de satisfacer, y a veces hasta imposibles, a diferencia de los deseos materiales, que se cumplen más fácilmente. Estados Unidos ha caído en la trampa del narcisismo patológico a raíz de las guerras, que han traído beneficios económicos pero han socavado los ideales de libertad y justicia que son fundamentales para la supervivencia de la democracia.

Vivimos en un mundo donde un adolescente sin recursos está dispuesto a mutilar y matar por un par de zapatillas o una chaqueta de diseño, pero eso no es consecuencia de la pobreza. En otros momentos de la historia estadounidense, incluso en situaciones de extrema pobreza, habría sido impensable que un pobre matara para apropiarse de un artículo de lujo. El robo y la agresión para apropiarse de bienes básicos —dinero, comida o simplemente un abrigo para protegerse del frío— eran bastante comunes, pero no existía un sistema de valores por el cual la vida fuera menos importante que el deseo material de un objeto no esencial.

A mediados de la década de 1950, muchos ciudadanos de nuestro país, ricos y pobres, pensaban que Estados Unidos era el mejor lugar del mundo para vivir porque era una democracia, una nación donde los derechos humanos importaban. Esta idea de Estados Unidos era reconfortante para los ciudadanos y sirvió como catalizador de muchas batallas por la libertad. En «Chicken Little, Cassandra, and the Real Wolf: So Many Ways of Think About the Future», Donella Meadows habla de la importancia de la utopía: «Un ideal expresa un futuro intensamente deseado y lo describe de una forma tan clara y atractiva que impulsa a reunir energía, consenso, simpatía, voluntad política, creatividad, recursos, todo lo que pueda ayudar a hacerlo realidad». La participación activa de Estados Unidos en las guerras mundiales ha puesto en cuestión su compromiso con la democracia, tanto dentro del país como en el extranjero.

El ideal democrático se debilitó con la Guerra de Vietnam. Antes de la guerra, las batallas por los derechos civiles, el movimiento feminista y la liberación sexual habían suscitado una visión de la justicia y el amor llena de esperanza. Sin embargo, hacia finales de la década de 1970, tras el fracaso de los movimientos de justicia social que pretendían crear un mundo pacífico en el que se pudieran compartir los recursos y en el que todos pudiéramos vivir una vida digna, el pueblo estadounidense dejó de hablar de amor. La guerra, que causó una enorme pérdida de vidas en el país y en el mundo, había creado abundancia económica, pero por el camino dejó devastación y muerte. A los estadounidenses se les pidió que sacrificaran su ideal de amor, libertad y justicia, y que pusieran en su lugar el culto al materialismo y al dinero, lo cual favorece las exigencias de la guerra imperialista y trae aparejada la injusticia social. Cuando los líderes que habían dirigido las luchas por la paz, la justicia y el amor fueron asesinados, el país entero cayó presa de la desesperación.

Pese a que el *boom* económico creó empleos para hombres y mujeres de grupos desfavorecidos, estábamos todos muy afectados desde el punto de vista psicológico. En lugar de buscar la justicia en la vida pública, nos retiramos a la vida privada, buscando alivio y evasión. Al principio, muchas personas se encerraron en la familia y en sus relaciones privadas para recuperar la sensación de conexión y estabilidad. Cuando se descubrió que dentro de las familias la falta de amor era algo generalizado, se extendió el abatimiento entre la población general. Además de no creer ya que podían cambiar el mundo, los estadounidenses empezaron a perder la confianza en su capacidad para introducir cambios positivos reales en el tejido emocional de la vida cotidiana. El aumento de los divorcios fue el primer signo de que el matrimonio no era un refugio seguro. Y la creciente conciencia pública sobre la extensión de la violencia doméstica y los abusos infantiles de todo tipo reveló que la familia patriarcal no podía constituir un refugio.

Al hallarse ante un universo emocional aparentemente inmanejable, algunos asumieron una nueva ética protestante del trabajo, convencidos de que el éxito podía medirse por el dinero que uno es capaz de ganar y los bienes que podía comprar. Una vida plena no dependía ya de los lazos y relaciones personales, sino de la acumulación y satisfacción de deseos hedonistas y materialistas. En consonancia con este cambio de valores en una sociedad que dejó de centrarse en las personas para mirar únicamente a lo material, los individuos ricos y famosos, especialmente las estrellas de cine y los cantantes, comenzaron a ser considerados los únicos iconos culturales significativos. La era de los líderes políticos capaces de luchar por un gran ideal había pasado. De repente, la dimensión ética de la vida laboral dejó de ser importante; el objetivo era ganar dinero por cualquier medio. La corrupción desenfrenada comprometió definitivamente la posibilidad del resurgimiento de una ética del amor capaz de restaurar la esperanza.

Entre los privilegiados, el culto al dinero se expresaba a finales de los setenta en la aquiescencia a la corrupción y la ostentación del lujo material. Para muchas personas, la nación entera empezó a aceptar la corrupción como un nuevo orden cuando, en un escándalo sin precedentes, se hizo pública la deshonestidad y la amoralidad que reinaban en la Casa Blanca. Esta falta de ética fue justificada por representantes gubernamentales afirmando que si se apoyaba a las grandes empresas y se promovía el avance del imperialismo era en pro de la seguridad nacional y el dominio del mundo. Todo esto coincidió con el declive de las religiones institucionalizadas, que anteriormente habían actuado como guías morales para el país. La iglesia y la sinagoga se convirtieron en centros de racionalización y apoyo a la ética materialista.

El culto al dinero también se extendió entre los pobres y los desposeídos, lo cual queda claramente demostrado por el desorbitado aumento del tráfico de drogas en las calles, una de las pocas empresas capitalistas que permiten ganarse la vida incluso a un puñado de personas desesperadas. El dinero fácil, y a menudo abundante obtenido del comercio de drogas, permitió a los pobres satisfacer los mismos deseos materiales que los ricos. Los objetos deseados podían variar, pero el placer de la adquisición y la posesión era idéntico. La codicia estaba a la orden del día. Como reflejo de la cultura capitalista dominante, en las comunidades pobres solo unas pocas personas se hicieron ricas, mientras que la mayoría siguió deseando dolorosamente lo que nunca habían tenido. Pensemos en una madre que vive en la pobreza y que ha enseñado siempre a sus hijos la diferencia entre el bien y el mal, además del valor de la honestidad, porque quiere educarlos conforme a un código ético. De repente, esta madre se ve aceptando que uno de sus hijos vende drogas, pues de esta manera entra en casa el dinero suficiente para cubrir las necesidades básicas y permitirse incluso gastos superfluos. Los valores éticos de esta mujer se ven erosionados por la intensidad del deseo y la necesidad, pero ya no tiene la impresión de estar en conflicto con la cultura consumista en la que vive, sino que se halla integrada y guiada por la sociedad de consumo.

El amor es un tema que no le interesa. Su vida siempre ha estado desprovista de él. Descubrió hace tiempo que la coraza en el corazón facilita la existencia y se centró en objetivos más asequibles: conseguir alojamiento y comida, hacer que el dinero alcance y encontrar maneras de satisfacer el deseo de pequeños lujos materiales. Pensar en el amor tan solo puede causarle sufrimiento. Y ella, como tantas otras mujeres, ya está harta de sufrir. Incluso puede empezar a tomar drogas para experimentar el placer y la satisfacción que nunca encontró cuando buscaba amor.

La drogadicción, extendida en igual medida entre los pobres y los más pudientes, está vinculada a nuestra ansia psicótica de consumo material y dinamita la capacidad de amar. La fijación en las necesidades y deseos, a la que el consumismo nos impulsa, promueve un estado psicológico de necesidad constante e inagotable, que provoca en nosotros unas angustias y tormentos tan intensos que nos hacen buscar alivio en las drogas, las cuales, sin embargo, crean adicción. Millones de ciudadanos estadounidenses son alcohólicos o consumen en exceso drogas legales e ilegales. En las comunidades pobres, donde la drogadicción es la norma, no hay educación sanitaria. Los adictos que no tienen los recursos necesarios para comprar drogas pasan un calvario físico y emocional. Solo quieren librarse del dolor; no hay cabida para el amor.

En *Love and Adiction*, Stanton Peele señala algo importante: que «la adicción descarta la relación». La adicción hace imposible el amor. A los adictos tan solo les preocupa una cosa: encontrar y consumir su droga, sea alcohol, cocaína, heroína, sexo o una compra compulsiva. La adicción es, por lo tanto, tanto una causa como una consecuencia de la falta de amor generalizada. Para el toxicómano, solo las drogas son sagradas. Las relaciones íntimas y amorosas quedan aniquiladas por su insaciable búsqueda de satisfacción. La clave de esta búsqueda interminable es la codicia: el deseo se produce continuamente y nunca puede ser satisfecho del todo.

Los estragos de la adicción son, desde luego, más notorios en la vida de los pobres y los desposeídos, ya que, para ocultar su estado o acceder a programas de tratamiento, no tienen los medios que sí están al alcance de los adictos más adinerados. Cuando el caso de O. J. Simpson saltó a los medios de todo el país, se dijo muy poco sobre el papel que desempeñaba el abuso de drogas en la generación de un distanciamiento emocional en una familia que era ya disfuncional. Se hizo mucho hincapié en la violencia doméstica, algo que todo el mundo condena por ser inaceptable, pero no se mencionaron las drogas. No se consideró que era uno de los factores que más contribuyeron a destruir las condiciones necesarias para una interacción emocional positiva.

Por ejemplo, nadie pudo hablar con compasión (es decir, sin atribuir toda la culpa a la víctima) sobre el hecho de que tal vez Nicole Simpson se había propuesto permanecer con sus hijos en un entorno peligroso y potencialmente peligroso porque no estaba dispuesta a renunciar a un estilo de vida superficial y brillante entre gente rica y famosa. Entre bastidores, cuando no temen ser consideradas políticamente incorrectas, las mujeres ligadas a hombres ricos, poderosos y violentos hablan de su adicción al poder y a la riqueza. Muchas veces, las personas, cualquiera que sea su sexo, deciden permanecer en relaciones disfuncionales y carentes de amor por pura conveniencia.

La codicia empuja a los individuos a ponerse en situaciones peligrosas y, a veces, hasta mortales. Las prisiones estadounidenses están llenas de sujetos cuyos crímenes fueron provocados por la codicia, sobre todo por el afán de dinero. Aun cuando la avaricia fuera la respuesta natural de quienes han asumido plenamente los valores del consumismo, nos vemos obligados a definir como aberrante el comportamiento de quienes hacen daño a otras personas por el afán de riqueza. Todos nos inclinamos a pensar que esos individuos son diferentes a nosotros, pero según los estudios son muchas las personas que están dispuestas a mentir por dinero. La mayoría de ellas no puede resistir el ansia de consumir *ad libitum* o de ganar dinero por cualquier medio. En los últimos años se han concedido exenciones fiscales a los juegos de azar, tanto en lotería como en los casinos, lo cual ha hecho aún más evidente que el deseo de dinero puede ser adictivo. Sin embargo, el hecho de que los trabajadores de clase media y media baja se jueguen un salario ganado con mucho esfuerzo con la esperanza de hacerse ricos no es noticia. Muchos de estos ciudadanos mienten y engañan a sus familias para no abandonar el hábito del juego. No serán arrestados ni irán a la cárcel, pero su comportamiento disfuncional socava la confianza y la armonía de la familia. Tienen más en común con los prisioneros que lo han arriesgado todo con la esperanza de obtener dinero fácil que con las personas de su familia que estiman que el afecto y los lazos sentimentales son mucho más importantes que el deseo de éxito material.

En el libro *Las siete leyes del dinero*, Michael Phillips señala que la mayoría de los presos que conoció en la cárcel y que habían sido condenados por haber robado para «enriquecerse rápido» eran personas inteligentes y activas que podrían haber logrado el bienestar económico trabajando; pero les habría llevado tiempo. El deseo de riqueza combinado con el deseo de satisfacción inmediata revela que este materialismo se ha convertido en una forma de adicción. La necesidad de gratificación instantánea es un componente de la codicia.

Incluso en la búsqueda del amor entra en juego el mismo mecanismo de la codicia, un deseo idéntico de satisfacción inmediata. Pero es raro que el amor auténtico sea un espacio emocional en el que las necesidades se satisfagan al instante. Para conocer el amor auténtico debemos invertir tiempo y esfuerzo. Como observa John Welwood en *El viaje del corazón*: «Soñar que el amor representa la salvación, que resuelve todos los problemas o que garantiza un estado perpetuo de felicidad y seguridad significa permanecer anclado en fantasías ilusorias, que debilitan el verdadero poder del amor, es decir, su capacidad para transformarnos». A muchos les gustaría que el amor funcionara como una droga, proporcionándonos un estado de éxtasis inmediato y duradero. Quieren evitar esforzarse y prefieren esperar a que los invada la sensación de bienestar. En la cultura patriarcal, los hombres están particularmente inclinados a ver el amor como algo que no debe implicar ningún compromiso de su parte. No quieren hacer un esfuerzo que, por otra parte, es indispensable. Cuando el amor invita a la gente a entrar en un lugar de felicidad potencial, pero que es al mismo tiempo un lugar al despertar crítico y al eventual sufrimiento, muchos le dan la espalda.

La creciente atención a las relaciones disfuncionales puede llevar a pensar que Estados Unidos ha decidido atajar el problema de raíz y crear una sociedad en la que el amor pueda encontrar espacio para expresarse, pero la verdad es que estamos inmersos en un proceso de normalización de las situaciones disfuncionales. Cuanto más hablamos de vínculos disfuncionales, más se convierten en la norma las familias desestructuradas y más se extiende la creencia de que las familias son así y ya está. Como sucede con el consumismo hedonista, terminamos creyendo que los excesos en el ámbito familiar son normales y que lo que no es normal pensar es que pueda existir una familia funcional capaz de dar amor.

Todo esto nos ha llevado a una sociedad en la que el mecanismo de la codicia se ha normalizado. El mensaje es que, como todos queremos más dinero para conseguir más cosas, no hay nada malo en mentir y hacer trampas para salir adelante. A diferencia de lo que sucede en el amor, el deseo de objetos materiales puede satisfacerse al instante, siempre que se tenga a mano dinero en efectivo o tarjetas de crédito, o se esté dispuesto a firmar letras de cambio que permitan obtener lo que se desea inmediatamente, pagando un poco más después. Incluso en asuntos del corazón se nos anima a tratar a los compañeros como si fueran objetos que podemos agarrar, usar y descartar cuando queramos, con el único criterio de satisfacer nuestros deseos egoístas.

Cuando el consumismo y la codicia están a la orden del día, la deshumanización se vuelve aceptable. Y entonces no solo se admite que se trate a las personas como objetos, sino que incluso es preciso hacerlo. Así pues, es la cultura del intercambio y la tiranía de los valores del mercado lo que moldea nuestra actitud hacia el amor. El cinismo prevalece entre los adultos, y así se extiende la creencia de que es imposible encontrar el amor y que las relaciones solo sirven mientras satisfagan los deseos personales. ¿Cuántas veces hemos oído a la gente decir: «Bueno, si ese tipo no se ajusta a tus necesidades, ¿por qué no lo dejas?»?. Las relaciones son para estas personas como los kleenex : todas iguales y todas desechables. Si una relación no funciona, olvídala, pasa y búscate otra. Si esta es la lógica dominante, es impensable que una relación, incluida la conyugal, pueda durar. No hay posibilidad de apreciar y respetar el valor de la amistad y el afecto duraderos.

Si un vínculo afectivo no satisface las necesidades egoístas de la persona, uno no sabe qué hacer para fortalecerlo y mantenerlo. A muchos les gustaría encontrar el amor allí donde están, en la vida y las relaciones que han elegido, pero sienten que no conocen las estrategias necesarias para mantener y consolidar sus lazos. Así pues, buscan una respuesta en los medios de comunicación, que, sin embargo, al convertirse cada vez más en el principal vehículo de promoción y afirmación de la codicia, proporcionan poca información sobre cómo establecer y mantener relaciones significativas. Si el deseo de acumular no está ya presente en el espectador, la televisión y el cine se encargarán de transmitírselo a base de bombardearlo con el mensaje de que el principal propósito de un individuo no debe ser construir una relación, sino consumir en compañía de otras personas. Hoy en día, cuando vamos al cine, antes de que empiece la película, tenemos que ver los anuncios publicitarios. El estado de abandono, relajado y receptivo, que reservamos para el placer de entrar en el espacio estético de una película en la oscuridad del cine, se concede por un tiempo a la publicidad, que ataca para nuestra desgracia tanto los sentidos como la sensibilidad.

La avaricia es considerada con razón un «pecado mortal» porque erosiona los valores morales que nos llevan a preocuparnos por el bien común. La avaricia viola el sentido natural de lo común y la conexión que es esencial para la supervivencia humana. Arrasa con la conciencia de las necesidades y cuidados de los demás, sustituyéndola por un egoísmo colosal. El narcisismo sano (la autoaceptación y conciencia del propio valor, que es el fundamento del amor propio) es sustituido por el narcisismo patológico (en el que solo cuento yo), que justifica cualquier acción que permita satisfacer los deseos de uno. La voluntad de sacrificarse por el otro, siempre presente cuando hay amor, se anula por la codicia. A mi juicio, esto explica también por qué en Estados Unidos estamos dispuestos a privar a los ciudadanos pobres de todos los servicios públicos, mientras que una elevada cantidad de dinero alimenta la cultura siempre próspera de la violencia imperialista. Los profetas de la avaricia nunca están satisfechos; no basta con que determine el modo de vida estadounidense y pueda llegar a arruinar el país, sino que debe difundirse y convertirse en la norma también a nivel mundial.

La generosidad y la caridad tienen muchas herramientas para combatir activamente la codicia desenfrenada: desde las más simples —por ejemplo, la amabilidad hacia los vecinos— hasta las más complejas, como la creación de un sistema progresivo de reparto del trabajo o el apoyo al Estado de bienestar. Cuando la avaricia se convierte en una norma cultural, todos los actos de caridad son vistos con recelo, como si fueran signos de debilidad. Por eso los ciudadanos norteamericanos se vuelven cada día menos generosos y defienden con arrogancia las opciones egoístas que protegen los intereses de los ricos, afirmando que los pobres y los necesitados lo son porque no han trabajado lo suficiente. Un día me quedé estupefacta al oír cómo personas de familias adineradas clamaban contra el reparto de los recursos, porque según ellos los necesitados han de trabajar si quieren conseguir dinero, pues solo entonces apreciarán su valor. En los medios de comunicación apenas se informa sobre el patrimonio heredado y los recursos materiales que se mueven en esos ámbitos. Los beneficiarios directos de la riqueza no desean dar pábulo a la idea de que el dinero siempre representa una ventaja, aunque no sea el resultado del trabajo duro. Esa condición de privilegio solo prueba que son muy pocas las personas que se han hecho ricas con el sudor de su frente. Una de las ironías de la cultura de la avaricia es que los que se han hecho ricos sin demasiado esfuerzo son también los que defienden con mayor contundencia que la clase obrera y los menesterosos tan solo pueden apreciar las ventajas materiales si las conquistan trabajando duro. Es evidente que se trata de una postura ideológica, un intento de defender los propios intereses de clase responsabilizando a los menos privilegiados de su situación.

En *The Healing of America*, Marianne Williamson aborda el tema de la actitud cínica que mucha gente adopta con respecto al problema de compartir recursos, una actitud que pone en peligro el bienestar espiritual de nuestra nación:

> Cuánta injusticia hay en Estados Unidos, y cuánta conspiración silenciosa para no hablar de ello; cuánto sufrimiento hay, y cómo se desvía la mirada para no apreciarlo. Se nos dice que son problemas secundarios, o que costaría demasiado resolverlos,

como si el dinero fuera lo más importante. Hoy en día la codicia se considera legítima, mientras que el amor fraternal no lo es.

Marianne Williamson es una gurú de la *New Age* que tuvo el coraje de hablar claramente sobre estos temas tabú; su popularidad, sin embargo, no se vio afectada por ello, porque la mayoría de sus lectores hacen como si este libro no existiera. En él nos anima a rebelarnos y a encontrar el valor para luchar contra la injusticia. Sin negar que es una privilegiada, invita a todos (incluida ella misma) a hacer todo lo posible para tratar de reducir los desequilibrios.

Resistirse al reclamo de la codicia es difícil para todos, porque renunciar a los deseos materiales a veces nos obliga a poner al descubierto nuestras necesidades emocionales. Cuando entrevisté a la popular rapera Lil' Kim, me impresionó mucho que no estuviera interesada en el amor. Me habló mucho de la falta de amor que había en su vida, pero el tema que galvanizó la atención de la conversación fue el dinero. Salí de la reunión asombrada: no podía creer que una joven negra que venía de una familia desunida y que no había terminado el bachillerato hubiera sido capaz de romper todas las barreras para acumular riqueza, pero no confiase en superar las que le impedían entender cómo dar y recibir amor.

La cultura de la avaricia legitima el culto al dinero y no se preocupa en absoluto por el crecimiento emocional de las personas. ¿A quién le importa si esta sociedad no llega a conocer el amor? Desafortunadamente, muchos estadounidenses están convencidos de que la búsqueda y conquista de la riqueza les compensará cualquier deficiencia emocional. Como tantos otros, Lil' Kim no presta atención a los mensajes de los medios sobre la angustia emocional de los ricos. Si el dinero pudiera realmente compensar el sufrimiento y la falta de amor, los ricos serían las personas más afortunadas del mundo. Pero en vez de pensar tal cosa, sería mejor recordar la profética canción de los Beatles: «I don't care too much for money. Money can't buy me love» («No me importa demasiado el dinero. El dinero no puede comprarme amor»).

Por irónico que parezca, los ricos, codiciosos y siempre preocupados por sus activos, están perpetuamente estresados y se sienten muy poco realizados. Entre ellos y los pobres, también codiciosos y frustrados por deseos insatisfechos, no hay una diferencia sustancial. Los ricos nunca tienen bastante, nunca se sienten saciados. Y, sin embargo, todos quieren emularlos. Como escribe Richard Foster en *Freedom of Simplicity*:

> Deberíamos reflexionar sobre la miseria que corroe nuestra vida cuando dejamos que nos invada la codicia. Contraemos deudas elevadísimas y luego estamos pluriempleados para mantenernos a flote. Desarraigamos a nuestra familia con mudanzas inútiles solo para tener una casa de postín. Nos agarramos a todo lo que podemos y nunca estamos satisfechos. Pero lo más destructivo es que por nuestra afición a los coches caros, a los deportes espectaculares y a las casonas con piscina, acabamos dejando aparcado cualquier posible interés por los derechos civiles, cualquier preocupación por la pobreza en las grandes ciudades y las masas hambrientas de la India. La avaricia logra cortar las cuerdas de la compasión.

Tanto es así que ignoramos a los hambrientos de nuestra propia sociedad, a los treinta y ocho millones de pobres cuyas vidas son prueba de la incapacidad de Estados Unidos para distribuir los recursos de manera justa y solidaria. El culto al dinero endurece el corazón, y puede llevarnos a todos a aceptar, activa o pasivamente, la explotación y deshumanización de nosotros mismos y de los demás.

Se ha hablado mucho de los radicales de los años sesenta que después se convirtieron en capitalistas intransigentes y se beneficiaron del sistema que en otro tiempo criticaron y quisieron destruir. Pero nadie se responsabiliza del cambio de valores que transformó el culto del amor y la paz en una política de poder y beneficio. Este cambio se produjo porque el amor libre, circunscrito a las utópicas comunidades *hippies*, donde todos eran jóvenes sin ninguna preocupación, no ha arraigado en la vida cotidiana de la gente común. Los jóvenes progresistas que creían en la justicia social no tuvieron dificultad alguna en mantener intacta la radicalidad de sus ideas políticas mientras se mantenían al margen, fuera de la estructura; pero no estaban dispuestos a bajar al terreno de la realidad y acometer por su cuenta la difícil tarea de cambiar y reorganizar el sistema existente para afirmar los valores de la paz y el amor, la democracia y la justicia. Se dejaron llevar por la desesperación, y entonces la capitulación ante el orden social existente se convirtió en la única solución viable para ellos.

A esa generación no le llevó mucho tiempo darse cuenta de que les importan más las comodidades materiales que la justicia. Una cosa era renunciar a la comodidad durante unos años, luchando por la justicia y los derechos civiles de la población negra y las mujeres de todas las razas, y otra muy distinta considerar que podían afrontar toda una existencia de privaciones, quizá compartiendo sus recursos con los demás. Cuando muchos de los radicales y los *hippies* que se habían rebelado contra los privilegios excesivos empezaron a tener hijos y a preocuparse por su educación, quisieron que tuvieran acceso a los mismos bienes materiales que ellos habían conocido, pero disfrutando paralelamente del lujo de la rebelión; querían, en definitiva, que sus hijos tuvieran la vida asegurada en términos económicos. Asimismo, muchos de los radicales y los *hippies* que venían de familias con escasos recursos económicos también estaban ansiosos por encontrar un mundo de abundancia material que les sirviera de sustento. A todos les asustaba la idea de que, si continuaban apoyando una perspectiva comunitaria y compartiendo recursos, al final tendrían que conformarse con menos.

Hace poco asistí a una mesa redonda provista de alimentos y bebidas de primera clase y escuché consternada cómo algunos radicales de los viejos tiempos decían entre risas que nunca habrían imaginado que llegarían a convertirse en «progresistas en el plano social y conservadores en el fiscal», en personas que, en definitiva, quieren acabar con el Estado asistencial y apoyar el libre mercado. Williamson hace esta interesante observación:

> En Estados Unidos, la reacción que se ha desatado contra el Estado de bienestar no ha tenido por objeto el exceso de medidas asistenciales, sino el uso de la compasión en la esfera pública. El país está repleto de personas dispuestas a salir en defensa de la moralidad privada, pero son muy pocas las que ponen en cuestión la moralidad social. Somos una de las naciones más ricas de la Tierra, pero comparados con todas las demás naciones industrializadas de Occidente gastamos una miseria en nuestros po-

bres. La quinta parte de los niños estadounidenses y la mitad de los niños afroamericanos viven en la pobreza. Somos la única nación industrializada de Occidente que no tiene asistencia sanitaria pública.

Estas son verdades que nadie quiere afrontar. Muchos ciudadanos estadounidenses tienen miedo de adoptar una ética de la compasión y la solidaridad, porque temen que pueda poner en peligro su seguridad. Como han sido sometidos a un lavado de cerebro que los ha convencido de que su seguridad depende de tener más que su vecino, no hacen más que acumular, pero siguen sintiéndose incómodos porque siempre hay alguien que ha acumulado más que ellos.

Estamos asistiendo a un aumento constante de la brecha entre ricos y pobres, entre los que tienen y los que no tienen. Los privilegiados viven en barrios donde la riqueza y la abundancia se exhiben y se admiran, pero cierran los ojos ante el coste de tal abundancia: si unos pocos privilegiados pueden vivir en un lujo inmoderado es gracias al sufrimiento de la mayoría. Una vez le pregunté a un hombre rico, que acababa de conquistar su nuevo estatus social, qué era lo que más le gustaba del bienestar que había conseguido. Me dijo que le gustaba el poder que el dinero tenía para inducir a la gente a cambiar o incluso quebrantar sus valores. Ese hombre era la personificación de la cultura de la codicia. Para él, el placer de la riqueza consistía no solo en el deseo de tener más que los demás, sino en usar el poder que de ella se derivaba para degradarlos y humillarlos. Para mantener y satisfacer su codicia, soñaba con estar del lado del poder. Y el mundo del poder es siempre un mundo vacío de amor.

Todos somos vulnerables. Todos hemos tenido tentaciones. Incluso aquellos que adoptan la ética del amor alguna vez se han visto tentados por la avaricia. Son tiempos peligrosos. No solo los corruptos caen en el abismo de la codicia. Los individuos con buenas intenciones y con un alma bondadosa pueden verse abrumados por un inesperado acceso al poder y a los privilegios. Cuando un presidente utiliza su poder y seduce, con su consentimiento, a una joven empleada del equipo del Gobierno, ese presidente es la expresión pública de la codicia. Sus acciones revelan la voluntad de arriesgar todo lo que aprecia y valora para satisfacer un placer hedonista. El hecho de que tantos estadounidenses consideren normal ese uso pernicioso del poder, y que estimen que el presidente tan solo ha tenido la desgracia de ser sorprendido, es una prueba más de la condescendencia general hacia la política de la codicia. Se trata de un ejemplo de la actitud mental que corre el riesgo de destruir la capacidad de amar y, con ella, la capacidad de sacrificarse por las personas que uno ama. Por su parte, la joven involucrada en el asunto manipula hechos y detalles y acaba prostituyéndose al vender su historia a los medios porque está ávida de fama y de dinero, y la sociedad acepta este tipo de componendas cuando el objetivo es hacerse rico. Pero la avaricia de la joven no se detiene ahí: quiere ser considerada una víctima. Con la destreza de un mago, intenta reescribir el guion de un intercambio consensuado de placer para que parezca una historia de amor, porque alberga la esperanza de que todos nosotros, seducidos por los aspectos románticos de la historia, pasaremos por alto que el engaño, la traición y el desinterés por los sentimientos de los demás nunca pueden ser el entorno adecuado para que nazca y florezca el amor. Esto no es una historia de amor, es un drama público sobre la política de la codicia, una codicia tan intensa que destruye el amor.

La avaricia hace pasar a un segundo plano el amor y la compasión, mientras que una vida sencilla les proporciona espacio para expresarse. Para luchar contra la avaricia en la vida cotidiana lo primero que hay que hacer es vivir con sencillez. En todo el mundo, la gente se está dando cuenta cada vez más de la importancia de vivir de forma sencilla y de compartir los recursos. El comunismo ha sufrido una derrota global, pero el ideal comunitario no ha dejado de existir. Resistir la tentación de la codicia está al alcance de todos. Podemos trabajar para cambiar las directrices políticas de nuestro país eligiendo líderes honestos y progresistas. Podemos apagar el televisor. Podemos mostrar respeto por el amor. Podemos salvar el planeta poniendo fin a los desechos indiscriminados. Podemos reciclar los residuos y apoyar estrategias avanzadas de supervivencia ecológica. Podemos honrar un ideal de comunidad e interdependencia compartiendo recursos. Todos estos comportamientos muestran respeto y gratitud por la vida. Cuando valoramos el aplazamiento de la gratificación y asumimos la responsabilidad de nuestros actos, simplificamos nuestro universo emocional. Vivir de una forma sencilla hace que amar sea fácil. La decisión de vivir con sencillez aumenta nuestra capacidad de amar. Es aprendiendo a practicar la compasión y la solidaridad como afirmamos cada día nuestra conexión con la comunidad mundial.

CAPÍTULO 8

Comunidad: una comunión de afectos

La comunidad no puede echar raíces en una vida dividida. Mucho antes de que adquiera una forma externa, la comunidad debe hallarse en estado embrionario en el yo indiviso; solo si estamos en armonía con nosotros mismos podemos entrar en comunión con los demás.

PARKER PALMER

En todas partes del mundo, para asegurar la supervivencia de la especie humana, hombres y mujeres se organizan en forma de comunidad. Son las comunidades las que permiten que la vida continúe, no las familias nucleares o la «pareja», por no hablar del rígido individualismo. No hay mejor lugar que la comunidad para aprender el arte del amor. M. Scott Peck comienza su libro *The Different Drum* con esta profunda sentencia: «La salvación del mundo está en la comunidad, pasa a través de ella». Peck define la comunidad como una agregación de individuos «que han aprendido a comunicarse sinceramente entre sí, cuyas relaciones van más allá de las máscaras del decoro, y que han adoptado una especie de compromiso para "regocijarse juntos, llorar juntos" y "vivir en armonía y asumir los problemas de los demás"». Todos nacemos en el seno de una comunidad. Es muy raro que un niño venga al mundo en estado de aislamiento y que solamente tenga uno o dos adultos encargados de su cuidado. Los niños nacen en un mundo lleno de comunidades posibles. Familiares, médicos, enfermeras, comadronas e incluso los desconocidos que muestran su admiración por el neonato forman parte de este entramado de vínculos más o menos íntimos.

Cuando hablamos de la importancia de los «valores de la familia» en la sociedad actual, generalmente nos referimos a las familias nucleares compuestas por el padre, la madre y no más de uno o dos hijos. En Estados Unidos se considera que esta es la forma más eficaz de criar a los niños, la única capaz de dar a todos el máximo bienestar. Pero es una imagen que no se corresponde con la realidad. En nuestra sociedad, nadie vive en esa clase de entorno. Incluso los que crecen en una familia nuclear la perciben como una pequeña unidad insertada en un todo mayor, creado por los lazos de parentesco. El capitalismo y el patriarcado, como estructuras de poder, han socavado y destruido la unidad más amplia de la familia extendida. La sustitución de la comunidad familiar por una pequeña unidad autocrática y más privatizada ha contribuido a aumentar el distanciamiento emocional y ha facilitado el abuso de autoridad, porque se ha dado al padre un poder absoluto en la familia y a la madre un poder secundario sobre sus hijos. La segregación de la familia nuclear de la familia ampliada ha obligado a las mujeres a depender más de un solo hombre y a los niños a depender más de una sola mujer. Esta dependencia se ha convertido en el terreno más fértil para los abusos de poder, y sigue siendo así hoy en día.

El fracaso de la familia nuclear patriarcal está ampliamente documentado. Ha sido objeto de todo tipo de críticas: se la ha acusado de ser casi siempre disfuncional, un lugar de caos emocional, abandono y abuso. Solo los que niegan las pruebas siguen afirmando que es la mejor manera de criar a los niños. No estoy sugiriendo que, simplemente por su tamaño y por el hecho de que incluyan a personas que no están vinculadas por la sangre, las familias extendidas no tienen la misma probabilidad de ser disfuncionales, pero al estar más diversificadas es más probable que puedan contar con individuos que sean a la vez equilibrados y capaces de amar.

Cuando empecé a decir públicamente que mi familia era disfuncional, mi madre se puso echa una furia. Para ella, mis éxitos eran la prueba de que no sufrí «tanto» en el seno de nuestra familia. Y, sin embargo, sé que sobreviví y logré superar el sufrimiento de mi infancia precisamente porque en nuestra familia extendida hay personas capaces de amar, personas que me apoyaron y que me dieron un sentido de esperanza y de posibilidad. Fueron ellas las que me hicieron comprender que las formas de relación de nuestra familia no eran la norma, que había pautas y modelos de comportamiento distintos a los adoptados por mis padres. Es una historia bastante frecuente. La supervivencia y el triunfo sobre un núcleo familiar disfuncional pueden depender de la presencia de lo que la psicoanalista Alice Miller llama «testigos iniciados». Casi todos los adultos que en su infancia han conocido un sufrimiento que seguramente podría haberse evitado cuentan historias sobre personas que, con su amabilidad, ternura y cuidado, les han permitido tener esperanza de nuevo. Y eso solo es posible porque las familias son parte de comunidades más amplias.

La familia nuclear patriarcal es relativamente reciente en la organización social de nuestra especie. La mayoría de los seres humanos no tienen, y nunca tendrán, los recursos materiales para vivir en pequeñas unidades segregadas de las comunidades familiares. Los estudios realizados en Estados Unidos muestran que los factores económicos (elevado coste de la vivienda, desempleo, etc.) están creando una situación en la que los chicos se van tarde de casa, o no se marchan nunca, y muchas veces regresan al hogar de la familia. Las investigaciones de antropólogos y sociólogos revelan que las pequeñas unidades privatizadas, sobre todo cuando se organizan según el pensamiento patriarcal, constituyen un entorno poco saludable. Los niños son criados de una manera más equilibrada donde existen redes comunitarias y familias extendidas.

La experiencia de la familia extensa permite entender cuánta fuerza tiene una comunidad. Pero la familia extendida solo puede convertirse en una comunidad si hay una comunicación sincera entre sus miembros. Al igual que los pequeños núcleos familiares, las familias extendidas disfuncionales suelen caracterizarse por una comunicación ambigua. A menudo, los secretos familiares impiden que un grupo extenso forme una comunidad. Recuerdo un anuncio que usaba este eslogan: «La familia que reza unida permanece unida». Y es cierto que, al ser propiamente una forma de comunicarse, la oración ayuda a los miembros de la familia a mantener una relación. Solían repetirme aquel eslogan cuando era niña, normalmente por los que representaban la autoridad, y recuerdo que lo convertí en «la familia que habla junta permanece junta». Hablar es una forma de hacer comunidad.

Si no recibes amor en la familia extendida en la que naciste (nuestra primera oportunidad de vivir en una comunidad), es la amistad la que ofrece la oportunidad, especialmente a los niños, de crear una comunidad y aprender qué es el amor. Como los amigos son personas a las que uno elige, muchas veces se busca en ellos, tanto en la infancia como en la edad adulta, el afecto, el respeto, el conocimiento y el interés en nuestra evolución personal que no hemos encontrado en la familia. Como apunta Susan Miller en *Never Let Me Down*, una conmovedora *memoir*:

> No podía dejar de decirme a mí misma que el amor tenía que estar ahí, en alguna parte. Pero por más que buscaba en mi interior, no era capaz de encontrarlo. Sabía lo que era el amor, eso sí. Era el sentimiento que tenía por mis muñecas, por las cosas bonitas, por ciertos amigos. Más adelante, cuando conocí a Debbie, mi mejor amiga, estuve aún más segura de que el amor es algo que te hace sentir bien. No te hacía sentir mal, no te hacía odiarte a ti misma. Era algo que te reconfortaba, que te liberaba por dentro, que te hacía reír. A veces Debbie y yo nos peleábamos, pero era algo distinto, porque estábamos unidas por un vínculo íntimo y profundo.

La amistad te ofrece una forma de experimentar la alegría de compartir en una relación en la que aprendes a procesar los problemas y a tratar las diferencias y conflictos, manteniendo siempre una conexión íntima con el otro.

La mayoría crece con la convicción de que encontrará el amor, si no en la familia de origen, en la familia a la que dará vida por medio de una unión sentimental que acabará en matrimonio o en un vínculo duradero. A muchos se les enseña de niños que la amistad no es nunca tan importante como los lazos familiares. Pero es precisamente en la amistad donde casi todos vemos la primera posibilidad de redención a través del amor, el primer esbozo de una comunidad rica en afecto. Aprender a amar en la amistad nos proporciona la capacidad para poder modificar nuestras relaciones familiares y emocionales. La madre de una querida amiga mía murió cuando ella no era más que una adolescente. Una vez me quejé del rapapolvo que me había echado mi madre, y ella me confesó que daría cualquier cosa por volver a oír a la suya regañándola. Después de animarme a ser más paciente, me contó lo doloroso que era haber perdido a su madre y cómo le hubiera gustado poner más empeño para encontrar una manera de comunicarse y reconciliarse con ella. Sus palabras me ayudaron a ser más comprensiva, a centrarme en lo que realmente me gustaba de mi madre. De los verdaderos amigos debemos esperar una crítica sincera y objetiva. Si confiamos en ellos es porque sabemos que quieren nuestro bien. Mi amiga quiere que disfrute de la presencia de mi madre.

A menudo damos por sentadas las amistades, aunque sean las relaciones que nos proporcionan más placer y que más funcionan sobre la base de la reciprocidad. Solemos tenerlas en segundo lugar, especialmente en lo que respecta a los lazos sentimentales. Sin embargo, la escasa valoración de las amistades crea un vacío del que ni siquiera nos damos cuenta cuando estamos concentrados en la búsqueda de amor o absortos en una aventura amorosa con alguien. Pero es mucho más probable que un vínculo sentimental sea adictivo cuando se han cortado todas las relaciones de amistad para conceder atención exclusiva a lo que se considera la relación más importante. Para mí fue verdaderamente devastador ver cómo amigas mías muy queridas, hasta entonces solteras, se alejaban de mí solo porque se habían enamorado. Sufrí mucho cuando una de ellas eligió un compañero con el que no me llevaba nada bien.

Me sentí excluida no solo porque ella había empezado a hacer todo con él, sino también porque había decidido mantener relaciones solo con amigos a los que también les gustaba su pareja.

La fuerza de nuestra amistad se manifestó en nuestra voluntad de abordar el tema abiertamente. Encontramos una manera de razonar juntas sobre nuestra relación y sobre lo que había cambiado, y nos preguntamos qué se podía hacer para defenderla. Ya no nos vemos tan a menudo como antes ni nos llamamos todos los días, pero los lazos positivos que nos unían permanecen intactos. Cuanto más auténtica es la relación amorosa, menos obligados nos sentimos a debilitar o romper las relaciones con los amigos para fortalecer lo que nos une a nuestra pareja. La esencia del amor auténtico es la confianza: la atención que nuestro compañero dedica a sus amigos, o que ellos le dedican, no nos quita nada, no disminuye nuestra importancia. La experiencia nos enseña que la capacidad de establecer relaciones profundas de amistad fortalece todos los lazos íntimos.

Si consideramos el amor como el deseo de fomentar nuestro propio crecimiento espiritual y el del otro, como un deseo expresado a través de demostraciones de interés, respeto, conocimiento y asunción de responsabilidad, cualquier tipo de amor tendrá la misma importancia para nosotros. No hay ningún amor especial reservado exclusivamente para nuestra pareja. El amor auténtico es la base de todas las relaciones: las que mantenemos con nosotros mismos, con la familia, con los amigos, con la pareja, con todas las personas que escogemos como destinatarias de nuestro amor. Si bien es inevitable que nuestro comportamiento sea diferente dependiendo de la naturaleza de la relación, y que nuestro grado de implicación cambie en consecuencia, también es cierto que los valores que nos inspiran, cuando están enraizados en una ética del amor, son siempre los mismos. Pensando en una de las relaciones sentimentales más largas de mi vida, me doy cuenta de que en ella me comporté de la manera más tradicional, anteponiéndola a todos los demás lazos. Cuando la relación se volvió destructiva, me costó mucho zanjarla, y me encontré aceptando un comportamiento (maltrato físico y verbal) que en una amistad no hubiera tolerado jamás.

Educada a la vieja usanza, había creído que esa relación era «especial» y que debía ser reverenciada como una deidad, por encima de todo y de todos. La mayoría de los hombres y mujeres nacidos antes de los años sesenta han crecido con la creencia de que el matrimonio y/o un vínculo romántico serio de cualquier tipo debe tener prioridad sobre todas las demás relaciones. Si al evaluar mi relación hubiera adoptado un enfoque que hubiera puesto el crecimiento personal por encima del deber y las obligaciones, habría comprendido que el maltrato socava irreparablemente los lazos del amor. Las mujeres creen demasiado a menudo que soportar la grosería o la crueldad, perdonar y olvidar son un signo de implicación, una expresión de amor. Sin embargo, cuando amamos de la manera correcta sabemos que frente a la crueldad y el maltrato la única reacción saludable, dictada por el amor, es protegernos. Aunque yo había sido una feminista convencida, en ese momento toda mi concienciación y todas mis convicciones políticas se vieron eclipsadas por los principios que me había inculcado la educación religiosa y familiar que había recibido: había que salvar la «relación» a toda costa.

Visto retrospectivamente, entiendo que mi falta de conocimiento del arte del amor había comprometido la relación desde el principio. En los más de catorce años que pasamos juntos estuvimos demasiado ocupados en repetir los viejos patrones que aprendimos en la infancia, actuando con una idea equivocada del amor, para entender los cambios que debíamos hacer en nosotros mismos si queríamos aprender a amar. Como muchos otros hombres y mujeres (sin importar la preferencia sexual) involucrados en relaciones en las que son objeto de terrorismo sentimental, podría haber terminado aquella relación mucho antes, o haberme encontrado a mí misma en ese vínculo, si hubiera puesto el mismo respeto, el mismo cuidado, el mismo deseo de conocimiento y la misma responsabilidad que pongo en las amistades. Muchas mujeres que no están dispuestas a tolerar amistades en las que son objeto de maltrato físico y emocional aceptan relaciones románticas en las que esos abusos ocurren con regularidad. Si en esas relaciones exigieran los mismos estándares que demandan en la amistad, no aceptarían el papel de víctimas.

Por supuesto, cuando terminó esa larga relación que me había llevado tanto tiempo y en la que había puesto tanta energía, me sentí terriblemente sola. Me di cuenta entonces de que es mucho más satisfactorio vivir tu vida en un círculo de afecto, interactuando con las personas que amas y con las que estás involucrado. Muchos aprenden esta lección de la manera más difícil posible: encontrándose, como yo, solos y sin amistades significativas. Es precisamente la experiencia de una relación sentimental vivida con el terror a ser abandonado y la experiencia misma del abandono lo que nos hace comprender que en cualquier vínculo significativo los principios del amor son siempre los mismos. El objetivo de amar bien debe ser válido para todos los vínculos importantes, y no solo para los sentimentales. Conozco a personas que, en la relación sentimental, admiten la deshonestidad, tanto la propia como la de su pareja, pero que nunca la aceptarían en la amistad. La amistad satisfactoria, caracterizada por la reciprocidad de afecto, es una guía en las relaciones, incluidas las relaciones sentimentales, y representa una primera forma de comunidad.

En una comunidad de sujetos que se aman, los lazos se mantienen y se fortalecen a través de la compasión y la indulgencia. En *Life is for Loving*, Eric Butterworth dedica un capítulo al amor y la indulgencia. «No se puede vivir sin amor —apunta en esas páginas—, pero la única manera de encontrar un amor capaz de curar, consolar y crear armonía es una indulgencia absoluta: si aspiramos a la libertad y la paz, si queremos amar y ser amados, debemos ser magnánimos y perdonar.» La indulgencia es un acto de generosidad, que requiere que uno deje de lado sus sentimientos de humillación y de ira y que libere al otro de la prisión de la culpa y la angustia. Al perdonar, abrimos uno de los caminos que conducen al amor. Hacemos un gesto de respeto. La indulgencia genuina nos permite entender las acciones negativas del otro.

Pero, aunque es esencial para el crecimiento espiritual, la indulgencia no es la panacea. A menudo, en los libros *New Age* dedicados al tema del amor, parece que basta con amar para que todo sea maravilloso. El hecho de que formemos parte de una comunidad rica en amor no significa que no estemos expuestos al conflicto y a la traición, como tampoco garantiza que las acciones positivas se traduzcan en resultados negativos o que una persona buena no tenga malas experiencias. El amor, sin embargo, nos permite afrontar las realidades negativas de una manera positiva y vital. Cuando una colega a la que respetaba profesionalmente y a la que consideraba amiga, por razones que nunca me quedaron claras, empezó a atacar mi trabajo públicamente con enorme dureza me quedé atónita. Las críticas que me dirigió estaban llenas de mentiras y exageraciones. Yo era su amiga y siempre le había mostrado mi afecto, por lo que su comportamiento me dolió aún más. Para superar la pena traté de identificarme con mi colega, porque quería entender lo que podría haberla impulsado a actuar de esa manera. Como explica Robin Casarjian en *Perdonar: una decisión valiente que nos traerá la paz interior*: «El perdón es una forma de vida que nos transforma gradualmente de víctimas indefensas de las circunstancias en personas capaces de amar, que participan en la creación de su propia realidad. [...] Gracias a ello, las percepciones que oscurecen nuestra capacidad de amar se van desvaneciendo».

Practicando la compasión y el perdón fui capaz de soportar la pena y la decepción que sentí por la pérdida de su amistad, mientras seguía apreciando su trabajo. La empatía me permitió entender por qué había actuado de esa manera y perdonarla, es decir, volver a verla como parte de mi comunidad, como una persona que tiene un lugar en mi corazón, en caso de que quiera reclamarlo.

Todos deseamos vivir en una comunidad rica en amor, porque hay más alegría y felicidad, pero muchos buscan una comunidad solo para escapar del miedo a estar solos. Saber estar solo es esencial si quieres aprender el arte del amor. Si sabemos estar solos, podemos estar con otros sin utilizarlos como vía de escape. El teólogo Henri Nouwen nunca se cansó de subrayar el valor de la soledad. En muchos de sus libros y artículos, Nouwen nos invita a no considerar la soledad simplemente como una expresión de nuestra necesidad de privacidad, sino como el lugar donde podemos mirarnos con autenticidad y despojarnos de nuestro falso yo. En *Reaching out* hace hincapié en que «la sensación de soledad es una de las fuentes más universales del sufrimiento humano».

Nouwen afirma que «ningún amigo, ningún amante, ninguna esposa o marido, ninguna comunidad satisfará jamás nuestro más profundo anhelo de unidad y plenitud». Y sugiere que aceptemos la soledad, permitiendo que el espíritu divino se revele en ella:

> El camino más difícil es el de la conversión, un camino que lleva del estar solo a experimentar la soledad como un valor positivo. En lugar de escapar de nuestra sensación de aislamiento, tratando de olvidarla o negarla, debemos protegerla transformándola en una soledad fructífera. [...] Sentirse solo es doloroso, mientras que la soledad es una condición de paz. Si nos sentimos solos nos aferramos desesperadamente a los demás; la soledad nos permite respetar a los demás en su singularidad y hacer comunidad.

Los niños, si se les enseña a disfrutar de momentos de tranquilidad y paz, si aprenden a estar solos con sus pensamientos y fantasías, adquieren una capacidad que les será muy útil incluso de adultos. Cada vez más a menudo, jóvenes y mayores escogen la práctica de la meditación para superar el miedo a la soledad y aprender así a aceptarla. Aprender a «quedarse» en silencio y sin hacer nada puede ser el primer paso para sentirse cómodo en soledad.

Si se parte de una condición de aceptación de la soledad, es más fácil establecer relaciones de solidaridad dentro de una comunidad. La solidaridad nos enseña a sernos útiles los unos a los otros, y esta es otra dimensión del amor. Al final de su autobiografía, titulada *La rueda de la vida*, Elisabeth Kübler-Ross apunta: «Puedo asegurarle que la mayor satisfacción de su vida vendrá cuando pueda abrir su corazón a los necesitados. Las mayores alegrías siempre vienen de la ayuda que ofrecemos a los demás». Las mujeres siempre han sido, y siguen siendo, maestras en el arte de ayudar a los demás. Organizamos homenajes en recuerdo de personas excepcionales, como la madre Teresa, que han hecho del cuidado de los demás una vocación; pero hay muchas mujeres corrientes que nunca recibirán reconocimiento oficial y que también ayudan a los demás con paciencia, solicitud y amor. Su ejemplo puede enseñarnos algo a todos.

Ya he tenido la oportunidad de hablar de mi impaciencia con mi madre. Sin embargo, al pensar en su vida, solo puedo admirar su voluntad de ponerse al servicio de los demás. Mi madre ha sido capaz de transmitirnos este valor a mí y a mis hermanos. De niña pude presenciar cómo cuidaba con paciencia y sin quejarse a enfermos y moribundos. De su ejemplo aprendí el valor de dar sin esperar nada a cambio. Es importante recordar esto. Porque todos olvidamos con demasiada facilidad los sacrificios que hacen las mujeres y cómo cuidan cada día de los demás. Con demasiada frecuencia, el sexismo que impregna nuestra forma de pensar ensombrece el hecho de que estas mujeres se dedican a los demás por elección, que su cuidado de los demás es el resultado de una decisión libre, no el efecto de un destino biológico. Los muchos que no están dispuestos a servir miran su trabajo con suficiencia. Pero quienes piensan que las mujeres que se dedican a los demás lo hacen «porque eso es lo que corresponde a las madres y a las mujeres de verdad» niegan su plena humanidad y, por lo tanto, son incapaces de entender la generosidad de sus actos. Hay un gran número de mujeres que no tienen ningún interés en el trabajo del cuidado de los demás, y que incluso lo miran con cierto desprecio.

El espíritu de sacrificio es una dimensión necesaria de la práctica del amor y la vida en comunidad. No siempre se puede tener lo que se quiere. Haciendo algunas renuncias se contribuye al bienestar colectivo. La voluntad de hacer sacrificios refleja la conciencia de nuestra interdependencia con los demás. Como ya observó Martin Luther King en un escrito sobre la necesidad de salvar la brecha entre ricos y pobres: «Todos los hombres [y mujeres] están inmersos en una red indestructible de relaciones mutuas, atados a un mismo destino. Cualquier cosa que afecte a una persona de manera directa afecta indirectamente a todos». Esta brecha se puede salvar compartiendo los recursos. Todos los días, individuos que no son ricos, pero sí materialmente privilegiados, toman la decisión de compartir con otros lo que tienen. Algunos lo hacen destinando regularmente una parte de sus ingresos para este fin, otros mediante una práctica diaria de amabilidad y solicitud, dando lo que pueden a las personas necesitadas con las que se encuentran. La generosidad fortalece la comunidad.

Una comunidad en la que circula el amor también crea una mayor apertura al mundo exterior y permite acercarse a los extraños sin temor y extender su disponibilidad a ellos. Incluso hablando con un extraño, reconociendo su presencia en el planeta, creamos una conexión. En nuestro día a día, todos tenemos la oportunidad de poner en práctica las lecciones aprendidas dentro de la comunidad. Una actitud amable y cortés nos pone en relación con los demás. En *The Different Drum*, Scott Peck nos recuerda que el objetivo de una auténtica comunidad es «la búsqueda de formas de vivir con uno mismo y con los demás en el amor y la paz». Por regla general, los movimientos que luchan por el cambio social exigen la adhesión a alguna organización y la participación en encuentros y reuniones; en cambio, la creación de una comunidad es algo muy sencillo que puede hacerse en cualquier lugar. Puedes empezar con una sonrisa, un cálido saludo, algunas palabras; haciendo un gesto amable o mostrando aprecio por la amabilidad de los demás. También puedes esforzarte cada día para que tu familia esté más unida. Mi hermano se alegró cuando le sugerí que se mudara a la ciudad donde vivía para que nos viéramos más a menudo. Le dio un mayor sentido de pertenencia. En cuanto a mí, ver que estaba dispuesto a mudarse a donde yo residía me hizo sentirme querida. Si un amigo me cuenta que se ha alejado de un familiar, siempre le animo a que busque una solución, que intente volver a conectar. Recuerdo que una de mis hermanas, que es lesbiana, pensó en romper con la familia por la homofobia que mostraban algunos de sus miembros. Yo la apoyé y compartí su ira y decepción, pero la animé a encontrar una manera de mantener la relación. A medida que pasaba el tiempo, mi hermana se dio cuenta de que se producían muchos cambios importantes; vio cómo el miedo daba paso a la comprensión, lo que no habría ocurrido si hubiera aceptado la ruptura como la única respuesta al dolor del rechazo.

Cuando podemos curar las heridas que desgarran el tejido familiar, la comunidad se fortalece. Y nosotros, mientras tanto, practicamos el amor. De esta forma, ponemos los cimientos para construir una comunidad capaz de acoger también a los extraños. El amor que practicamos en comunidad nos acompaña dondequiera que vayamos. Guiados por esta percepción, somos capaces de transformar cada lugar en un espacio de retorno al amor.

CAPÍTULO 9

Reciprocidad: la esencia del amor

Dar con verdadera generosidad es algo que nos llena de alegría: nos sentimos felices cuando concebimos la idea de dar, en el instante en que lo hacemos y al recordar que lo hemos hecho. La generosidad es algo hermoso. Cuando damos algo nos sentimos unidos a los que lo reciben y nuestro compromiso en el camino de la paz y la conciencia se hace más profundo.

SHARON SALZBERG

El amor abre las puertas del cielo. Sin embargo, mucha gente espera afuera, incapaz de cruzar el umbral, incapaz de dejar atrás todas las cosas inútiles que han acumulado y que son un obstáculo para el amor. Si durante la mayor parte de nuestra vida no hemos sido guiados por el camino del amor, difícilmente vamos a saber cómo empezar a amar, qué debemos hacer o cómo comportarnos. La desesperación y el escepticismo de los jóvenes proviene en gran medida de su convicción de que lo han hecho todo bien, de la manera «correcta», y que, a pesar de ello, el amor no llega. Sus esfuerzos por amar y ser amados solo producen tensión, conflicto y una insatisfacción permanente.

Entre los veinte y los treinta, estaba segura de que sabía lo que era el amor. Sin embargo, cada vez que me «enamoraba» terminaba sufriendo. Las dos relaciones más intensas de mi vida fueron con hombres que habían tenido un padre alcohólico. Ninguno de ellos tenía un solo recuerdo positivo de su relación con su padre. Ambos fueron criados por la madre, que trabajaba fuera del hogar y, después del divorcio, nunca se volvió a casar. Tenían un temperamento similar al de mi padre: tranquilo, trabajador y emocionalmente reprimido. Todavía recuerdo cuando llevé al primero de ellos a casa de mis padres. Mis hermanas estaban asombradas porque a sus ojos era «tan parecido a papá» y «tú siempre has odiado a papá». En ese momento pensé que aquello era una tontería, tanto la idea de que odiaba a mi padre como la afirmación de que la pareja que había elegido era de alguna manera similar a él: ¿en qué cabeza cabía?

Después de vivir quince años con aquel compañero me di cuenta no solo de lo similar que era a papá, sino también de mi desesperado deseo de recibir de él el amor que no había recibido de mi padre. Quería que se convirtiera al mismo tiempo en el padre cariñoso que no había tenido y en un compañero en el amor, ofreciéndome así la posibilidad de curarme. Me engañé a mí misma, diciéndome que si me hubiera querido y me hubiera dado toda la atención que no había recibido de niña, mi espíritu roto se habría curado y habría recuperado la confianza y la capacidad de amar. Pero no fue capaz de hacerlo. Nadie le había enseñado a amar. Los dos íbamos a tientas en la oscuridad del amor, y juntos cometimos grandes errores. Él quería de mí el amor incondicional y la dedicación de su madre, que siempre le había dado todo sin esperar nada a cambio. Continuamente frustrada por su indiferencia ante las necesidades de los demás y su complaciente convicción de que así son las cosas, traté de cubrir la parte del trabajo emocional que era responsabilidad suya.

No hace falta decir que no recibí el amor que quería; en cambio, me quedé atascada en una situación conflictiva. Estábamos comprometidos en nuestra propia guerra privada, en la que yo luchaba por destruir los modelos de Marte y Venus con la esperanza de que lográramos liberarnos de los roles de género y expresar así nuestros deseos íntimos con sinceridad. Él permaneció anclado en un modelo cuya base era la suposición de que los hombres son por naturaleza diferentes a las mujeres, con diferentes necesidades y diferentes deseos emocionales. En el fondo creía que mi problema era que no aceptaba esos papeles «naturales». Como muchos hombres progresistas en la era del feminismo, estaba convencido de que las mujeres debían tener igual acceso al trabajo e igual salario, pero cuando se trataba de asuntos domésticos y del corazón seguía pensando que eran competencia de ellas. Como muchos hombres, quería una mujer «en todos los sentidos igual a su madre» para no tener que bregar por su desarrollo.

Era el tipo de hombre descrito por el psicólogo Dan Kiley en *El síndrome de Peter Pan*. Este ensayo, publicado a principios de la década de 1980, aborda un grave problema sociopsicológico que atormenta a los varones norteamericanos: la negativa a convertirse en hombres:

> Aunque han llegado a la edad adulta —apunta Kiley—, son incapaces de lidiar de manera responsable con los sentimientos de los adultos. Han perdido el contacto con sus verdaderas emociones; tienen miedo de depender de los demás, incluso de los más cercanos; son egocéntricos y narcisistas, y esconden una máscara de normalidad, aunque por dentro se sienten vacíos y solos.

Esta nueva generación de hombres estadounidenses había pasado por la revolución cultural feminista. Muchos se habían criado en hogares donde el padre estaba ausente y se alegraron mucho cuando las pensadoras feministas les dijeron que no era necesario que se comportaran como el típico macho. Sin embargo, la única alternativa al modelo machista era no convertirse en hombres, seguir siendo niños.

Al decidir seguir siendo niños, no tuvieron que enfrentarse a la dolorosa tarea de cortar el vínculo demasiado estrecho entre ellos y una madre que los había asfixiado con un afecto incondicional; podían simplemente encontrar una mujer que los cuidara como lo había hecho su madre. Y cuando las mujeres no podían parecerse a mamá, ellos reaccionaban de forma exagerada. Al principio, cuando era una joven militante feminista, estaba encantada de haber encontrado un hombre que no quería ser un patriarca. La tarea de arrastrarlo, contra viento y marea, a cruzar el umbral de la edad adulta me atrajo. Estaba convencida de que al final tendría un compañero con el que podría establecer una relación de iguales, que podríamos amarnos como iguales. Pero el precio que pagué por haber decidido hacerlo crecer fue verlo renunciar a la alegría infantil y convertirse en el machote con el que nunca quise estar. Yo era el blanco de su agresividad: me culpó de engañarlo para que creciera y me culpó de su miedo a no estar a la altura de su nuevo papel. Cuando nuestra relación terminó, me convertí en una mujer y una feminista plenamente realizada, pero había perdido toda la fe en el poder transformador del amor. Se me rompió el corazón. Salí de aquella relación con el temor de que nuestra cultura no estuviese preparada para apoyar el intercambio de amor entre un hombre y una mujer libres.

En la relación con mi segundo compañero, un hombre mucho más joven que yo, surgieron conflictos similares cuando tuvo que labrarse su propio papel de adulto en una sociedad en la que la virilidad se asocia con la fuerza y el poder. No era un individuo dominante, pero tenía que enfrentarse a un mundo que veía nuestra relación exclusivamente en términos de poder, de quién manda sobre quién. Si el silencio de mi antiguo novio se había considerado a menudo amenazador y autoritario, señal de su «poder», el silencio de este compañero más joven se interpretaba generalmente como una consecuencia de mi posición de predominio. A mí me atrajo porque representaba una alternativa a la norma patriarcal, pero con el tiempo se dio cuenta de que este tipo de virilidad no le permitía afirmarse en el mundo que lo rodeaba y comenzó a ver los roles masculinos y femeninos desde una perspectiva tradicional. Observando el conflicto en el que se debatía, pude percatarme del poco apoyo que tienen los hombres cuando deciden romper amarras con la actitud patriarcal. Aunque había más de dos generaciones de diferencia entre esos dos hombres cultos y progresistas, ninguno de ellos había pensado profundamente en el amor. Abogaban por la igualdad de género en la esfera pública, pero seguían pensando que el amor era cosa de mujeres. Para ellos, tener una relación significaba encontrar a alguien que se ocupara de todas sus necesidades.

En el universo dominado por Marte y Venus, los hombres quieren poder y las mujeres quieren conexión emocional. En este planeta nadie podrá conocer realmente el amor mientras el poder figure en primer lugar. El privilegio del poder es la base del pensamiento patriarcal. Los niños y niñas, hombres y mujeres que son educados para pensar de esta manera casi siempre consideran que el amor no es importante o, si lo es, nunca es tan esencial como ser poderoso, dominante; lo que realmente cuenta es ser de los que llevan el control y están arriba. Las mujeres que parecen adorar a su hombre y cuidarlo con total abnegación parecen obsesionadas con el «amor», cuando en realidad su comportamiento a menudo esconde también una voluntad de poder. Al igual que sus parejas masculinas, establecen relaciones hablando el vocabulario del amor, pero en sus actos se percibe que su principal propósito es mantener el poder y el control. Esto no significa que falte el afecto y el cuidado de la pareja, sino todo lo contrario. Precisamente por eso a las mujeres, y a algunos hombres, les resulta tan difícil terminar una relación que se centra fundamentalmente en la lucha por el poder. El hecho de que esta dinámica sadomasoquista pueda coexistir —y normalmente coexiste— con el afecto, el cuidado, la ternura y la lealtad permite a quienes se sienten movidos por el afán de poder negarse incluso a sí mismos sus verdaderos objetivos. Sus comportamientos positivos nos hacen confiar en que al final el amor prevalecerá.

El amor, sin embargo, no puede triunfar cuando una de las dos partes, hombre o mujer, quiere tener el control. Mis relaciones eran agridulces. Aunque todos los elementos del amor estaban ahí, mis novios no tenían interés en poner el amor en primer lugar. A los hombres que no han experimentado el amor les cuesta creer que la relación de pareja pueda basarse primordialmente en la satisfacción mutua y el crecimiento de ambas partes. Lo único que entienden y en lo que creen es en la dinámica de poder caracterizada por la presencia de un «dominado» y un «dominante», la lucha sadomasoquista por la dominación y, paradójicamente, se sienten más «seguros» cuando actúan sin apartarse de esos paradigmas. Acostumbrados a la traición, pueden tener un miedo fóbico a la confianza. Cuando uno permanece fiel a la dinámica del poder, no tiene que temer a lo desconocido, porque conoce las reglas del juego. Pase lo que pase, el resultado puede predecirse. La práctica del amor, por otro lado, no proporciona certezas. El otro puede abandonarnos, herirnos, hacernos sufrir, y ese es un riesgo que está siempre ahí. Corremos el riesgo de encontrarnos a merced de fuerzas que no podemos controlar.

Cuando un individuo es herido de niño en esa parte de sí mismo que debería hacerle conocer el amor, la herida que ha sufrido puede ser tan traumática que más tarde cualquier intento de recuperar ese espacio le hará temblar de pies a cabeza. Esto es especialmente cierto en el caso de los hombres. Nosotras las mujeres, por muchos traumas infantiles que hayamos sufrido, tenemos de nuestra parte toda una cultura que nos anima a cultivar el interés por el amor. Aunque hay una lógica sexista detrás de ese apoyo cultural, también es cierto que a las mujeres se las anima más a pensar en el amor, a valorarlo y a afirmar abiertamente que lo quieren. Sin embargo, esto no significa que las mujeres sean más capaces de amar que los hombres.

El pensamiento patriarcal anima a las mujeres a valorar la esfera del afecto, pero eso no supone que estemos mejor preparadas emocionalmente que los hombres para implicarnos en el amor. A menudo, la idea nos asusta y preferimos limitarnos a encontrar pareja. El gran éxito de los libros que incitan a las mujeres a engañar y manipular para conquistar a un hombre —caso por ejemplo de *The Rules: Time-tested Secrets for Capturing the Heart of Mr. Right*— es un signo del cinismo imperante en nuestros días. Son libros que apoyan la anticuada idea sexista de la diferencia entre los sexos y llevan a las mujeres a creer que la relación con los hombres no puede basarse en la sinceridad, el respeto y el interés mutuo. El mensaje para las mujeres es que las relaciones son única y exclusivamente una cuestión de poder, manipulación y coacción, un intento de imponerse a los demás, incluso en contra de su voluntad. Estas obras enseñan a las mujeres a usar las artes femeninas para jugar el juego del poder, pero no dicen qué se puede hacer para amar y ser amado.

Los libros de autoayuda suelen hablar del sexismo como un hecho natural. En lugar de asociar ciertas maneras de ser a formas inducidas de comportamiento que contribuyen a la preservación del poder masculino, las presentan como diferencias innatas, es decir, inherentes a la naturaleza humana, o místicas, lo cual hace que uno pierda de vista su auténtico valor político. En estos libros, la incapacidad y/o la negativa de los hombres a expresar sinceramente sus sentimientos se suelen presentar como virtudes positivas que las mujeres deberían aprender a respetar, más que como actitudes inducidas que crean indiferencia y aislamiento emocional. John Gray dice que «los hombres se retiran a su guarida», y le parece lógico que una mujer sea castigada si molesta a su pareja cuando quiere aislarse. Gray cree que son los comportamientos femeninos lo que es preciso cambiar. A menudo los ensayos de autoayuda que se declaran contrarios a la igualdad de género describen la exagerada inversión de las mujeres en la tarea del cuidado como una cualidad intrínseca y «natural», más que como una actitud aprendida. En los escritos *New Age* se presentan teorías fantasiosas para dar una pátina nueva a las evocaciones místicas del yin y el yang, la androginia masculina y femenina, y cosas por el estilo. Es, evidentemente, un intento de traer de vuelta los viejos estereotipos sexistas, empaquetándolos de manera más atractiva y seductora.

Para conocer el amor tenemos que desprendernos de la ideología sexista, sea cual sea la forma que adopte en nuestras vidas. La adhesión a esa manera de pensar siempre nos llevará de vuelta al conflicto entre los sexos, una idea de los roles sexuales que empequeñece no solo a las mujeres, sino también a los hombres. Para practicar el arte del amor, debemos ante todo elegir el amor, es decir, admitir ante nosotros mismos que queremos conocerlo y abandonarnos a él, aunque no sepamos lo que significa. A los más cínicos, a los que han perdido toda la fe en el poder del amor, se les exige un acto de fe. En *El camino hacia el amor*, Deepak Chopra nos invita a recordar que el amor puede hacer mucho:

> La dolorosa necesidad creada por la falta de amor solo puede ser satisfecha aprendiendo de nuevo a amar y ser amado. Todos debemos descubrir por nosotros mismos que el amor es una fuerza no menos real que la fuerza de la gravedad, y que una vida vivida cada día, cada hora, cada minuto bajo el estandarte del amor no es una fantasía, sino que debe ser nuestra condición natural.

A la mayoría de los hombres nunca se les dice que necesitan el consuelo del amor todos los días. El pensamiento sexista les impide reconocer su deseo de amor y aceptar que una mujer los guíe en ese camino.

La inmensa mayoría de las mujeres aprenden de niñas, gracias a las enseñanzas de quienes las cuidan y al bombardeo de los medios de comunicación, a tener esas atenciones elementales que forman parte de la práctica del amor. Nos animan a ser empáticas, a cuidar de los demás y, lo que es más importante, a escuchar. Normalmente este tipo de educación no tiene como objetivo enseñarnos a amar a un hombre y compartir con él nuestros conocimientos en el campo sentimental, sino ser maternal con nuestros hijos. Tanto es así que la mayoría de las mujeres adultas renuncian fácilmente a lo que han aprendido sobre el cuidado y el respeto (importantes ingredientes del amor) en pro de la relación con sus parejas patriarcales (masculinas o femeninas), que no saben nada sobre el amor y no tienen ni una idea rudimentaria de cómo cuidar al otro. Las mujeres que nunca permitirían que un niño las insultara y humillara están dispuestas a aceptar este comportamiento en los hombres. En la relación de pareja, si la pretensión de ser respetada interfiere en el deseo de tener y mantener una pareja, las mujeres renuncian fácilmente al respeto que exigen a los niños.

Es raro que un padre enseñe a su hijo a mentir. Sin embargo, en el varón adulto, la falsedad —que se manifiesta en la propia mentira, pero también en la reticencia— se considera a menudo un comportamiento aceptable y justificable. La decisión de ser sincero es el primer paso hacia el amor. Los que realmente aman no engañan. Una vez que has tomado la decisión de ser franco, el siguiente paso es aprender a comunicarte. En *The Healing of America*, Marianne Williamson incide en la importancia de la escucha, apoyándose para ello en el filósofo Paul Tillich, según el cual, en el amor, la primera responsabilidad es escuchar:

> No podemos aprender a comunicarnos profundamente a menos que aprendamos a escucharnos unos a otros, pero también a escucharnos a nosotros mismos y a Dios. El devoto silencio es un poderoso instrumento para la curación de nuestros corazones y para la curación de la nación. [...] De ahí pasamos a la siguiente

etapa en el proceso de nuestra sanación: la capacidad de comunicar nuestra auténtica verdad, de curar y ser curados por su poder.

Escuchar no significa simplemente prestar atención a lo que sabemos de los demás, sino aprender a escuchar la voz de nuestro corazón y nuestras voces interiores.

Tomar conciencia del déficit de amor que experimentamos y expresar todo el dolor que ello ha generado es una manera de reanudar el viaje en busca del amor. En las relaciones, ya sean heterosexuales u homosexuales, el compañero que sufre a menudo descubre que su pareja no está dispuesta a «escuchar» nada sobre el dolor. Me encuentro muchas veces con mujeres que confiesan que se sienten emocionalmente derrotadas cuando su pareja se niega a escucharlas o a hablar. Cuando las mujeres se comunican porque sufren, se suele decir que no hacen más que «lloriquear». A algunas se les dice continuamente que su pareja «está cansada de oír sus tonterías». Estas situaciones socavan la autoestima. De niñas, a menudo se ven avergonzadas y humilladas cuando expresan su dolor porque se sienten heridas. No ser escuchado por la pareja elegida es una experiencia emocionalmente devastadora. Por lo general, quienes no saben reaccionar con compasión ante el dolor expresado por su pareja, aunque no lo comprendan plenamente, son incapaces de escuchar, porque la expresión de ese dolor los hace sentirse inermes e impotentes, y muchos hombres no pueden soportar sentirse impotentes y vulnerables. A veces prefieren reaccionar con violencia y silenciar al otro, para no tener que reconocer su propia vulnerabilidad emocional. Si son capaces de reconocer esa dinámica, los dos miembros de la pareja pueden tratar de resolver la cuestión, dando cabida a los problemas de ambos y enfrentándose a ellos en el momento oportuno en conversaciones breves (es inútil tratar de dar voz al sufrimiento de uno si el otro está nervioso, irritable o preocupado). Establecer momentos en los que escucharse con compasión contribuye a mejorar la comunicación y la relación. Si hemos decidido asumir el compromiso del amor hasta el final, escuchar es indispensable incluso cuando duele.

En *El camino menos transitado*, M. Scott Peck subraya la importancia del compromiso. La disciplina y la dedicación son indispensables, especialmente cuando una relación está en los inicios. Como apunta Peck:

> Profundo o no, el compromiso es la base, el fundamento de cualquier relación amorosa auténtica. Un compromiso profundo no garantiza el éxito de la relación, pero contribuye más que cualquier otro factor. [...] Quien se interesa sinceramente por el crecimiento espiritual del otro sabe, por razonamiento o por instinto, que solo puede contribuir de manera significativa a través de un compromiso constante.

La cultura en la que estamos inmersos, que nos anima a buscar alivio casi inmediato a cualquier sufrimiento o malestar, ha propiciado que la nuestra sea una nación de individuos que experimentan hasta el más ínfimo sufrimiento emocional como si fuera devastador. Cuando en las relaciones se produce una situación de sufrimiento, nuestra reacción inmediata suele ser romper el vínculo, en lugar de resistir y esforzarnos aún más por mantener el compromiso.

Una vez que nos hemos embarcado en el viaje del amor, si surgen conflictos o contradicciones internas entre nosotros y otras personas, podemos llegar a desmoralizarnos, especialmente si las diferencias no son fáciles de superar. En lo que respecta a las relaciones sentimentales, muchos temen quedar atrapados en un vínculo que no funciona, por lo que en cuanto aparece el primer conflicto o bien huyen o bien sucumben a la tentación de crear conflictos innecesarios para evitar el compromiso. Los que se comportan así huyen del amor antes de poder disfrutar de su belleza. El sufrimiento puede ser el umbral que hay que cruzar si se quiere conocer el éxtasis del amor. Quien huye antes de sufrir nunca conocerá la plenitud del placer del amor.

Hay muchas concepciones erróneas sobre el amor, que lo presentan, por ejemplo, como un estado de constante felicidad en el que está proscrito el sufrimiento. Debemos desenmascarar la falsedad de tal punto de vista si queremos entender y aceptar la simple verdad de que el sufrimiento y el dolor no terminan automáticamente cuando empezamos a amar. En algunos casos, cuando retrocedemos por el largo camino que nos devolverá el amor que hemos perdido, el sufrimiento puede ser incluso más intenso. Como enseña uno de los cantos espirituales más antiguos, «el llanto puede durar toda una noche, pero por la mañana vendrá la alegría». La aceptación del sufrimiento es parte integral de toda práctica del amor; sin embargo, hay que saber distinguir entre el sufrimiento constructivo y la tendencia a regodearse en el dolor. Si en nuestra vida la promesa del amor nunca se ha cumplido, quizás el aspecto más complejo de la práctica del amor es creer que el paso por el abismo del dolor conduce al paraíso. En *Las enseñanzas del corazón*, Guy Corneau afirma que muchos hombres tienen tanto miedo de enfrentarse al sufrimiento emocional que lo han mantenido encerrado dentro de sí mismos durante mucho tiempo y han optado conscientemente por renunciar al amor: «Muchos hombres simplemente deciden no involucrarse, porque no pueden afrontar el sufrimiento emocional del amor y el conflicto que de él deriva». Las mujeres que intentan ayudarlos y hacer que vuelvan a la senda de la vida y el amor suelen ser criticadas y menospreciadas. Vista su actitud, las verdaderas bellas durmientes de esta historia son esos hombres. Si no hubiera mujeres que se tomaran la molestia de devolver la confianza en la vida a los hombres que han perdido el contacto con sus emociones, viviríamos en un mundo más alienado y más violento. El esfuerzo solo es en vano cuando la persona en cuestión se niega a despertar, a crecer. En tal caso, renunciar al compromiso y seguir adelante en solitario es un gesto de amor propio por parte de la mujer.

Las mujeres siempre se han esforzado por guiar a los hombres en cuestiones de amor, porque el pensamiento patriarcal ratifica su compromiso, aunque lo socave de raíz al alentar a los hombres a negarse a ser guiados. El resultado es una situación en la que los hombres tienen más probabilidades de satisfacer sus necesidades emocionales, mientras que las mujeres sufren más privaciones. Y la satisfacción de las necesidades emocionales conlleva también un mayor bienestar psicológico. Como resultado de ello, los hombres tienen una ventaja que se hace coincidir hábilmente con su supuesta superioridad y, por lo tanto, su mayor aptitud para el liderazgo. Si se satisficieran las necesidades emocionales de las mujeres, si la reciprocidad fuera la norma, el poder masculino terminaría perdiendo gran parte de su encanto. Lamentablemente, el movimiento masculino que surgió en respuesta a las críticas feministas al machismo, si bien invitaba a los hombres a tomar conciencia de sus sentimientos, les aconsejaba compartirlos solo en un contexto «seguro», es decir, «entre hombres». Robert Bly, uno de sus líderes, ha dicho muy poco sobre la relación que los hombres tienen con el amor. Los hombres que se han unido a este movimiento han tenido buen cuidado de no recurrir a mujeres instruidas y conscientes para ser guiados en el camino del amor.

Ahora bien, cuando decides tomar ese camino, es mejor tener un guía. Si confiamos en él y no tenemos miedo de que nos lleve por mal camino o nos abandone, puede ayudarnos a superar el miedo. Siempre me ha sorprendido el valor con el que confiamos en los desconocidos. Si enfermamos y vamos al hospital, nos ponemos en manos de una serie de personas que no conocemos, con la esperanza de que nos curen. Sin embargo, a menudo tenemos miedo de confiar en el plano emocional en personas que nos quieren y que quizás han sido amigos fieles durante toda la vida. Es una forma de pensar equivocada, y es esencial superarla si queremos que el amor nos transforme.

Practicar el amor lleva tiempo, y, sin duda, la forma en que está organizada la sociedad en la que vivimos nos deja poco espacio para el afecto. Siempre estamos demasiado cansados física o emocionalmente para dedicarnos al arte del amor. ¿Cuántas veces ocurre que alguien nos dice que trabaja en exceso y que no tiene tiempo para ocuparse de las personas que ama, y que ha decidido reducir la carga de trabajo o incluso dejar el empleo para dar más espacio a sus afectos? Mientras películas como *La fuerza de la verdad* o *Pescador de ilusiones* cuentan la atribulada historia de hombres de negocios obligados por una grave enfermedad a reconsiderar su forma de utilizar el tiempo, en la vida real nunca hemos visto a un hombre o una mujer en posiciones de poder que decidan echar el freno y crear un espacio para el amor en su propia vida. Si la persona que amamos dedica todo su tiempo al trabajo, solo sentiremos una gran frustración cada vez que intentemos guiarla por el camino del amor. En Estados Unidos no habría problemas de desempleo si se subvencionara a las escuelas para que enseñen a amar. El trabajo compartido y la reducción de jornada podrían convertirse en la norma. Con el amor en el centro de nuestras vidas, el trabajo podría tener un significado y enfoque diferentes.

Cuando decidimos amar, queremos dar más. El egoísmo, el rechazo a aceptar al otro, son las principales causas del fracaso de las relaciones amorosas. Como apunta Robert Sternberg en *Love the Way you Want It*:

> Si me preguntaran cuál es la causa más frecuente del fin de una relación [...] diría que el egoísmo. Vivimos en una época de narcisismo y muchas personas nunca han aprendido —o se les ha olvidado— a escuchar las necesidades de los demás. La verdad es que si estás dispuesto a cambiar, aunque solo sea una cosa de ti mismo para mejorar —literalmente, de un día para el otro— la relación con tu pareja, tienes que poner tus necesidades al mismo nivel que las de la persona amada.

En una relación de pareja, como en cualquier tipo de relación, dar generosamente significa entender en qué momento el otro necesita nuestra atención. La atención es un recurso importante.

El compartir con generosidad todos los recursos es una forma de expresar amor. Los recursos pueden ser de varios tipos: tiempo, atención, bienes materiales, habilidades, dinero, etc. Una vez que tomas el camino del amor, descubres lo fácil que es dar. Un regalo precioso, que todos los amantes pueden ofrecer, es el perdón. No solo ayuda a eliminar los sentimientos de culpabilidad, a liberarse del hábito de culpar a los demás por una vida sin amor, sino que también permite sentirse personalmente responsable del amor que uno da y del que encuentra. Ya no tenemos que culpar a los demás del amor que nos falta, porque ahora sabemos cómo lidiar con el vacío que hay en nuestro interior. Somos capaces de ofrecernos el amor que tanto necesitamos y reconocemos todo el amor que existe a nuestro alrededor. La ira provocada por el vacío emocional desaparece en buena medida cuando uno aprende a perdonarse y a perdonar a los demás. La capacidad de perdonar hace que uno esté más dispuesto, más preparado para recibir amor y crea las condiciones para dar generosamente.

La capacidad de dar nos pone en comunión con los demás. Dar es una de las prácticas que nos permite entender que los recursos disponibles para nosotros son realmente suficientes para todos. La tradición cristiana enseña que la generosidad «abre las puertas del cielo», y Dios, como recompensa, «derramará sobre [n]osotros bendición hasta que sobreabunde». En la sociedad patriarcal, los hombres que quieren romper con la lógica de la dominación harían bien en empezar a practicar el amor dando y siendo generosos. Si tantas pensadoras feministas han atribuido un gran valor al papel paterno es porque, al cuidar de sus hijos, muchos hombres sienten por primera vez la alegría de ponerse al servicio de los demás.

Al dar a los demás experimentamos la reciprocidad. Para poner fin a la guerra entre los sexos que se origina en la lucha por el poder, hombres y mujeres tienen que basar su relación en la reciprocidad, garantizando así que el crecimiento individual sea respetado y alimentado. Esta disposición aumenta nuestra capacidad de disfrutar. Como dice Sharon Salzberg en *El corazón del mundo*: «La generosidad nos libera de la sensación de aislamiento que proviene del apego a las cosas propias y del egoísmo». El cultivo de la generosidad, que, según Salzberg, «es la principal cualidad de una conciencia despierta», fortalece los lazos sentimentales. Dar es la única forma en que podemos aprender a recibir. Cuando se conoce el verdadero amor, el intercambio mutuo se convierte en un ritual diario. El que es generoso de corazón está siempre abierto, siempre dispuesto a acoger y esperar a la persona amada. En esta clase de amor nunca tienes miedo de ser abandonado. Y este es el regalo más precioso que ofrece el verdadero amor: todos se sienten como en casa.

Dar es bueno para el espíritu. Ser generosos, hacer regalos a quienes queremos esponja el alma. El amor, ya vaya dirigido a uno mismo o a los demás, es una acción, una emoción que no puede existir sin participación. Para darse cuenta de ello, hay que ir más allá de los sentimientos, y por eso es útil verlo como una práctica. Cuando actúas, difícilmente te sientes impotente o incapaz, porque sabes que hay pasos concretos que puedes dar para seguir por la senda del amor. Es importante comunicarse, escuchar atentamente las necesidades del corazón, escuchar a los demás. El amante aprende la compasión porque está dispuesto a prestar oídos al dolor, y también a la alegría, que siente la persona amada. El camino del amor no es ni arduo ni oculto, pero uno debe decidirse a tomarlo. Si no lo conocemos, siempre habrá alguna persona que, con amor, espíritu abierto y disponibilidad, nos muestre cómo emprender ese camino que conduce al núcleo del amor, el camino que permite el regreso del amor.

CAPÍTULO 10

Amor romántico: el dulce amor

Decid, dónde, cómo y cuándo.
Decid, dulce Amor, decid.
¿Qué mandáis hacer de mí?
[...]
Vuestra soy, para Vos nací,
¿Qué mandáis hacer de mí?

SANTA TERESA DE JESÚS

Para volver al amor, para tener el amor que siempre hemos querido pero que nunca hemos tenido, el amor que queremos pero que no estamos preparados para dar, vamos en busca de relaciones sentimentales porque creemos que estas relaciones, más que cualesquiera otras, podrán redimirnos y rescatarnos. El verdadero amor tiene el poder de redimir, pero solo si estamos preparados para ser redimidos. El verdadero amor salva, pero solo si queremos ser salvados. Entre los que buscan desesperadamente el amor hay muchos a los que, de niños, se les dijo que no valían nada, que nadie podía quererlos tal como eran, y por eso se construyeron una identidad falsa. Ya de adultos conocen a personas que se enamoran de la máscara que habían adoptado, pero estos amores no duran. Tarde o temprano se desvela la verdadera identidad de cada cual y entonces llega la decepción. Rechazados por los que han escogido amar, ven cómo se confirma el mensaje recibido en la infancia: nadie puede amarlos tal como son.

Al empezar una relación, pocas personas son capaces de recibir el amor de verdad. En las relaciones sentimentales estamos destinados a reproducir los mismos patrones que han marcado a nuestra familia. Pero no somos plenamente conscientes de ello, porque hemos crecido en una cultura que nos ha hecho creer que cualquiera que fuera nuestra experiencia en la niñez, en términos de dolor, tristeza, aislamiento o sensación de vacío, cualquiera que haya sido nuestro grado de deshumanización, seguimos teniendo derecho a nuestra historia de amor. Estamos convencidos de que conoceremos a la mujer de nuestros sueños. Pensamos que algún día llegará nuestro príncipe azul. Y aparecen, tal como habíamos imaginado. Queremos que el amante con el que soñamos se presente de verdad, pero cuando realmente aparece no sabemos cómo comportarnos, no sabemos qué clase de amor pretendemos construir ni cómo construirlo. No estamos preparados para abrir nuestro corazón de par en par.

En la novela *Ojos azules*, Toni Morrison presenta la idea de amor romántico como «una de las más destructivas de la historia del pensamiento». Es, efectivamente, una idea tremendamente dañina, porque implica que el amor es algo que sucede sin la intervención de nuestra voluntad y nuestra capacidad de elección. Esta ilusión, perpetuada por tantas novelitas románticas, nos impide aprender a amar. Para alimentar nuestra fantasía, consideramos cualquier idilio como amor verdadero.

Cuando se presenta el romance como un proyecto —y eso es exactamente lo que hacen los medios de comunicación y, en particular, el cine—, el papel de arquitecto y proyectista recae en las mujeres. A todo el mundo le gusta imaginar que las mujeres son románticas y sentimentales, y que los hombres se dejan guiar por ellas. Hasta en las relaciones no heterosexuales prevalece a menudo el paradigma que ve a un compañero «liderando» y al otro «a remolque», uno en el papel considerado femenino y el otro en el masculino. Seguro que fue alguien que hacía de guía quien concibió la idea de que el enamoramiento es algo que simplemente acaece, que el hecho de escoger un compañero no implica elección ni decisión por nuestra parte, porque cuando la química funciona, cuando sentimos ese algo indefinible, el amor aparece sin más: nos sentimos abrumados y no nos queda más remedio que abandonarnos a él. Esta forma de concebir el amor resulta especialmente útil para los hombres que, expuestos hasta hace poco a la idea patriarcal de la masculinidad, han sido educados para no tener ningún contacto con sus sentimientos. Como apunta Merton en «Amor y necesidad»: «La expresión "*to fall in love*" [literalmente, caer enamorado] refleja una actitud precisa hacia el amor y hacia la vida misma: una mezcla de miedo, asombro, fascinación y confusión. Implica sospecha, duda, vacilación ante algo que no podemos evitar, pero que no es del todo seguro». Si no sabes lo que se siente, difícilmente vas a inclinarte por el amor; es mejor «caer» en él, y entonces nadie podrá decir que somos responsables de nuestros actos.

Aunque hace décadas que los psicoanalistas critican esta visión del enamoramiento, seguimos invirtiendo recursos emocionales en la fantasía de una unión que se produce sin ningún esfuerzo por nuestra parte. Seguimos creyendo que nos vemos arrollados, raptados, que no tenemos posibilidad de elegir ni de ejercer nuestra voluntad. En *El arte de amar*, Fromm habla en repetidas ocasiones del amor como acción, porque es «en esencia un acto de la voluntad»: «Amar a alguien no es solo un sentimiento poderoso; es una decisión, una promesa, un compromiso. Si el amor fuera solo un sentimiento, no habría base para la promesa de amarse para siempre. Un sentimiento comienza y puede desaparecer». Cuando describe el amor como la voluntad de impulsar el crecimiento espiritual propio o el de otra persona, Peck parte de la definición de Fromm, y añade: «El deseo de amar no es amor *per se*. El amor está en los gestos y conductas a través de los cuales se expresa. El amor es un acto de la voluntad, es decir, comprende tanto una intención como un acto. La voluntad implica también elección. No estamos obligados a amar. Elegimos hacerlo». Sin embargo, a pesar de estos brillantes análisis y de las indicaciones derivadas de ello, la mayoría de las personas continúan negándose a admitir que es más auténtico, más realista, considerar el amor como una elección que como una fatalidad.

En *Life Preservers*, la terapeuta Harriet Lerner describe nuestro anhelo de amor, y a este respecto afirma que la mayoría de nosotros quiere un compañero «que sea maduro e inteligente, leal y fiable, afectuoso y atento, sensible y abierto, amable y considerado, competente y responsable». Aun así, por muy intenso que sea nuestro deseo, «pocos evaluamos a un posible compañero con la misma objetividad y claridad con que podríamos escoger un electrodoméstico o un automóvil». Para poder valorar críticamente a un compañero tendríamos que ser capaces de adoptar una posición neutral y observarnos críticamente a nosotros mismos, nuestras necesidades, nuestros deseos y nuestras aspiraciones. A mí me resultaba muy difícil ponerme ante una hoja de papel y evaluarme a mí misma para ver si era capaz de dar el amor que yo misma deseaba recibir. Y más difícil aún me resultaba hacer la lista de las cualidades que quería encontrar en mi pareja. Apunté diez rasgos. Pero cuando comparé la lista con las características de los hombres que había elegido como compañeros potenciales, me di cuenta con pesar de la discrepancia entre lo que yo quería y lo que había elegido aceptar. Si evaluamos cuidadosamente nuestras necesidades y elegimos a nuestra pareja de acuerdo con ellas, nos encontraremos a veces con que no hay ni una sola persona adecuada para nosotros. Pero por lo general pensamos que es mejor tener una pareja que no nos satisfaga del todo que no tener ninguna. Es evidente, por tanto, que estamos más interesados en encontrar pareja que en conocer el amor.

Cada vez que explico que el amor debe ser abordado con voluntad e intencionalidad, me llega la respuesta de que tal actitud podría acabar con el sentimiento amoroso. No es cierto. Acercarse al amor sobre la base del interés, el conocimiento y el respeto hace que nuestras relaciones sentimentales sean más intensas. Si dedicamos tiempo a comunicarnos con un compañero potencial, ya no seremos presas del miedo y la ansiedad característicos de las relaciones de amor donde no hablamos ni comunicamos nuestras intenciones y deseos. Una amiga me contó una vez que siempre había tenido mucho miedo de las relaciones sexuales, aun cuando conociera bien al hombre con el que iba y se sintiera atraída por él. Su miedo provenía de la vergüenza que despertaba en ella todo lo relacionado con su cuerpo; un sentimiento que había interiorizado durante la infancia. Sus relaciones anteriores no habían hecho más que agudizar esa vergüenza. Normalmente, los hombres le restaban importancia a sus ansiedades. Yo le propuse que quedara para comer con el hombre que podía convertirse en su nuevo compañero, y que abordaran explícitamente la cuestión del placer sexual, lo que les gustaba y lo que no les gustaba, sus esperanzas y sus miedos. Luego me contó que el almuerzo había sido increíblemente erótico; fue ese encuentro el que sentó las bases de la relación porque, cuando llegaron a la etapa de la intimidad, cada uno de ellos se sintió sexualmente cómodo con el otro.

A menudo la atracción erótica actúa como catalizador de la relación íntima, pero eso no es un signo de amor. El sexo puede ser excitante y agradable incluso entre dos personas que ni siquiera se conocen. Sin embargo, en nuestra sociedad, la gran mayoría de los hombres están convencidos de que la atracción erótica indica a quién deben y pueden amar. Guiados por su pene, seducidos por el deseo erótico, muchas veces se encuentran ligados a parejas cuyos intereses y valores no comparten. En la sociedad patriarcal se ejerce tanta presión sobre los varones para que rindan sexualmente que muchos hombres satisfechos de su relación con una persona que les hace sentirse bien sexualmente pasan por alto todo lo demás. Entonces intentan ocultar su equivocación trabajando demasiado o buscando relaciones fuera de la pareja. Por lo general, tardan mucho tiempo en reconocer y mencionar el vacío de amor que sienten. Y muchas veces se ven obligados a negar esa carencia, porque, desde un punto de vista sexista, un hombre no puede admitir que ha fracasado.

Es raro que una mujer escoja a un hombre basándose únicamente en la atracción erótica. Aunque reconocen la importancia del placer sexual, la mayoría de las mujeres entienden que no es lo único que se necesita para construir una relación sólida. Y, por qué no decirlo, el estereotipo sexista de que las mujeres son personas que cuidan de los demás ha conseguido que se considere aceptable que expresen sus necesidades emocionales. A ellas se les ha inculcado la idea de que lo importante es la conexión emocional. Las mujeres empezaron a hablar de sus impulsos eróticos tras la eclosión del movimiento feminista y la liberación sexual, pero siempre han sido capaces de hablar de su hambre de amor, lo cual no significa que las mujeres siempre encontremos el amor que anhelamos. Como los hombres, muchas veces nos dejamos arrastrar a una vida sin amor porque nos atraen otros aspectos de la personalidad de nuestra pareja. La pasión sexual mutua puede ser un elemento de cohesión en una relación difícil, pero no es el banco de pruebas del amor.

Esta es una de las cosas más tristes de la vida. Con demasiada frecuencia, las mujeres, y algunos hombres, experimentan el placer erótico más intenso con parejas que de otra manera les hacen daño y las ofenden. La intensidad de la intimidad sexual no genera automáticamente respeto, preocupación, confianza, comprensión y compromiso. El amor entre dos personas puede durar toda la vida, aunque haya pocas o ninguna relación sexual. El placer sexual refuerza los vínculos del amor, pero estos pueden existir y ser satisfactorios incluso cuando el deseo sexual está ausente. Después de todo, si tuviéramos que elegir entre un gran amor y una pasión sexual duradera, muchos de nosotros optaríamos por lo primero. Por fortuna, no tenemos que tomar esta decisión, porque generalmente mantenemos una relación erótica satisfactoria con el hombre o la mujer que amamos.

El buen sexo no es lo mismo que el sexo satisfactorio. He tenido relaciones sexuales fantásticas con hombres que eran terroristas en el plano emocional, hombres capaces de seducirte y atraerte dándote exactamente lo que creías necesitar, para luego quitártelo, gradual o repentinamente, cuando ya se habían ganado tu confianza. Y he sentido una profunda satisfacción sexual en el vínculo con parejas afectuosas, pero menos diestras en las artes amatorias. Como se han criado conforme a los principios de la educación sexista, las mujeres tienden a poner la satisfacción sexual en la perspectiva correcta. Reconocen su valor, sin permitir que se convierta en la medida absoluta de la intimidad del vínculo. Las mujeres quieren relaciones eróticas satisfactorias tanto como los hombres, pero en el fondo prefieren que la satisfacción erótica vaya acompañada de amor y confianza. Si los hombres fueran educados para desear el amor, y no solo el sexo, en estos momentos estaríamos asistiendo a una revolución cultural. Sin embargo, en la actualidad, la mayoría de los hombres tienden a preocuparse más por el rendimiento y la satisfacción sexual que por su capacidad de dar y recibir amor.

Aunque el sexo es importante, muchos de nosotros somos tan incapaces de expresar nuestras necesidades y deseos sexuales como de dar voz a nuestro anhelo de amor. Paradójicamente, la aparición de enfermedades de transmisión sexual que pueden acarrear la muerte ha llevado a muchas parejas a hablar más sobre el comportamiento erótico. Los mismos (en su mayoría hombres) que antiguamente decían que «hablar demasiado» hace las cosas menos románticas ahora sostienen que hablar no compromete en absoluto el placer, sino que simplemente cambia su naturaleza. Si antes la excitación y la intensidad erótica se basaban en no saber nada, ahora se basan en saber más. Los que temían una pérdida de intensidad sentimental y/o erótica descubrieron con sorpresa que estaban equivocados, que la conversación no es la tumba del amor.

El hecho de que este cambio haya sido asumido por nuestra cultura demuestra que todos somos capaces de adoptar nuevos paradigmas y de cambiar las formas de pensar y actuar que se han convertido en habituales. Todos somos capaces de cambiar nuestra actitud sobre el «enamoramiento». Todos podemos reconocer ese cosquilleo que nos recorre la piel cuando conocemos a alguien, un misterioso sentido de conexión, que puede tener algo que ver con el amor o no. Puede ser el comienzo de un contacto que nos lleve al amor, o puede no serlo. Qué diferentes serían las cosas si en lugar de decir «Creo que estoy enamorado», dijéramos «La naturaleza de la relación que he iniciado me hace pensar que estoy en el buen camino para conocer el amor». O si en lugar de decir «Creo que estoy enamorado», dijéramos «Creo que la quiero» o «Voy a quererla». Es poco probable que nuestra actitud sentimental cambie a menos que cambiemos nuestro lenguaje.

Las expresiones convencionales que utilizamos para hablar sobre el amor nos hacen sentirnos incómodos. Todos creemos que esos modismos y el pensamiento subyacente tras ellos son una de las razones por las que entablamos relaciones que no funcionan. Al echar la vista atrás caemos en la cuenta de que la forma en que hablábamos de esas relaciones era un presagio de lo que sucedería después. El cambio en mi manera de hablar y razonar sobre el amor fue una reacción al vacío emocional que sentía en mi interior y que lastraba mis relaciones. Ahora que parto de definiciones claras —sobre el amor, el sentimiento, las intenciones y la voluntad—, ya no me aventuro en las relaciones con la falta de conciencia que hizo que todos mis vínculos no fueran más que una repetición de viejos patrones.

Aunque en mi búsqueda de alguien a quien amar y que a su vez me ame he sufrido muchas desilusiones, sigo creyendo en el poder transformador del amor. La decepción no me ha cerrado el corazón. Sin embargo, cuanto más hablo con la gente, más me percato de lo extendida que está la desilusión y el cinismo. Muchos piensan simplemente que se le está concediendo demasiada importancia al amor. Aunque es cierto que nuestra cultura concede bastante peso al sentimiento del amor entendido como fantasía irresistible o mito, no se puede decir que lo haga tanto con el arte de amar. Nuestra desilusión en el campo amoroso se refiere al amor romántico, pero si uno fracasa en el amor es justamente porque no ha aprendido el arte de amar. Es muy simple. A menudo confundimos una pasión perfecta con un amor perfecto. La primera surge cuando conoces a alguien que parece tener todo lo que buscas en una pareja. Y digo «parece» porque la intensidad de la relación a menudo te ciega. Vemos lo que queremos ver. En *Soul Mates*, Thomas Moore sostiene que el hechizo de la ilusión amorosa tiene su función, y que «el alma se alimenta de fantasías efímeras». Si las pasiones perfectas no proporcionan su forma particular de placer y de riesgo, para quienes buscan el amor perfecto solo pueden ser la etapa inicial de un proceso.

Solo podemos pasar de la pasión perfecta al amor perfecto cuando las ilusiones se desvanecen y somos capaces de utilizar la energía y la intensidad generadas por una intensa y abrumadora conexión erótica para profundizar en el descubrimiento de nosotros mismos. Normalmente, las pasiones perfectas terminan cuando despertamos del hechizo y descubrimos que, en nuestro arrebato de pasión, nos hemos alejado de nosotros mismos; en cambio, se convierten en el amor perfecto cuando tenemos el valor de afrontar la realidad y aceptarnos como somos. Reconocer desde el principio de la relación el importante vínculo que existe entre la pasión perfecta y el amor perfecto puede ser la inspiración que necesitamos para poder elegir el amor. Cuando amamos con la cabeza y con la voluntad de mostrar interés, respeto, conocimiento y responsabilidad, el nuestro es un amor satisfactorio. Los que quieren seguir creyendo que el amor no satisface, que el verdadero amor no existe, se aferran a esas convicciones porque es más fácil hacer frente a la desesperanza que habérselas con una realidad tremendamente simple: que el amor es un hecho de la vida, pero está ausente de la suya.

En los dos últimos años he hablado mucho del amor; de hecho, el «amor verdadero» se ha convertido en el tema de mi investigación. Todo comenzó cuando empecé expresar en voz alta mi más profundo deseo; cuando decidí comunicar a mis amigos, al público de mis conferencias, a los extraños sentados a mi lado en el autobús, en el avión y en el restaurante que iba «en busca del verdadero amor». Casi todos se mostraron escépticos y me dijeron que estaba buscando un mito. Sin embargo, los que aún creían en la existencia del verdadero amor estaban convencidos de que no se puede buscar, que, si estás destinado a encontrarlo, «aparecerá sin más». Sigo creyendo que el amor verdadero existe, y también creo que su manifestación es un misterio, que sucede sin ningún esfuerzo de voluntad por nuestra parte. Y si las cosas son así, entonces va a suceder tanto si lo buscamos como si no. Pero buscarlo no hará que lo perdamos. Quienes hemos sido heridos, quienes hemos sufrido desilusión tras desilusión, debemos abrir nuestro corazón si queremos que el amor penetre en nosotros. Esta disposición interior es una forma de buscar el amor.

Yo he sentido el amor verdadero, y fue una experiencia que hizo que mi deseo y mi afán de buscarlo fueran aún más intensos. La primera vez que se me presentó el amor verdadero fue en un sueño. Me habían invitado a un congreso sobre cine y no quería asistir. No me gusta que me bombardeen de sopetón con un sinfín de ideas nuevas; para mí es como si hubiera comido demasiado y estuviera empachada. Pero soñé que alguien me decía que si iba a la conferencia conocería al hombre de mis sueños. Las imágenes del sueño eran tan vívidas, tan reales que me desperté con la sensación de que mi asistencia era ineludible. Llamé a una amiga, le conté toda la historia y aceptó asistir conmigo en calidad de acompañante. Unas semanas más tarde llegamos al congreso justo cuando se estaba celebrando un debate entre varios oradores. Le señalé a mi amiga al hombre que se me había aparecido en el sueño. Después del debate nos presentaron y hablamos. Conocerlo fue como reencontrarse con un pariente o amigo al que no había visto en mucho tiempo. Fuimos a cenar. Desde el principio hubo entre nosotros una sensación de familiaridad, como si nos conociéramos de toda la vida. Seguimos charlando y al rato me dijo que tenía pareja. Estaba desconcertada y molesta. No podía creer que los dioses del universo me hubieran hecho conocer al hombre de mis sueños, solo para constatar que los sueños, sueños son y no pueden hacerse realidad. Mi sueño, obviamente, hacía alusión a una relación sentimental con ese hombre. Este fue el prólogo de una difícil lección sobre el verdadero amor.

Aprendí que se puede encontrar el verdadero amor y que nuestra existencia puede cambiar incluso si ese encuentro no es un preludio del placer sexual, de una relación estable o quizás de una serie de citas regulares. El mito del verdadero amor —la fábula de dos personas que se encuentran, se unen y viven felices para siempre— es propio de las fantasías infantiles. Sin embargo, muchos de nosotros, mujeres y hombres, llevamos esas fantasías a la edad adulta y somos incapaces de afrontar una relación intensa y que cambia la vida, pero que no conduce a una relación estable o a una relación completa. El amor verdadero no siempre se traduce en una vida de sempiterna felicidad; e incluso si lo hace, mantenerlo y hacerlo durar requiere dedicación.

Todas las relaciones tienen sus altibajos. A menudo las fantasías románticas alimentan la creencia de que los momentos difíciles son un indicio de falta de amor y no parte del proceso. La verdad es que el verdadero amor se refuerza en la adversidad. En su base está el deseo del ser humano de crecer y expandirse, de llegar a ser más plenamente él mismo, pero no hay cambio que no conlleve una sensación de desafío y de pérdida. Cuando experimentamos el amor verdadero, podemos sentir que nuestra vida está en peligro; podemos sentirnos amenazados.

El verdadero amor es diferente al amor arraigado en el afecto, la buena voluntad y una simple atracción en la vida cotidiana. No hay día que no nos sintamos atraídos por alguna persona (cuyo estilo, forma de pensar, apariencia, etc., nos cautiva), y sabemos que, si tuviéramos la oportunidad, podríamos enamorarnos de él o de ella en un instante. En *Amar y despertar*, John Welwood hace una valiosa distinción entre este tipo de atracción, que todos conocemos y que él llama «vínculo del corazón», y otro tipo de atracción que él denomina «vínculo del alma». He aquí cómo los describe:

> El vínculo del alma es la resonancia entre dos personas que reaccionan a la belleza esencial de la naturaleza individual del otro, más allá de sus máscaras, y se encuentran en un plano más profundo. Este reconocimiento mutuo actúa como catalizador de una poderosa alquimia. El vínculo del alma es una alianza sagrada, cuyo propósito es ayudar a ambas partes a descubrir y realizar su más profundo potencial. Mientras que el vínculo del corazón nos permite apreciar a los que amamos simplemente por lo que son, el vínculo del alma abre una dimensión más amplia, en la cual vemos y amamos al otro por lo que podría ser, y por lo que nosotros mismos podríamos llegar a ser bajo su influencia.

Crear un «vínculo del corazón» con alguien no es demasiado difícil. A lo largo de la vida, todos conocemos a muchas personas que nos hacen sentir ese cosquilleo tan particular que podría llevarnos por la senda del amor, pero la conexión entre dos almas es algo distinto. A menudo esta vinculación más profunda se establece independientemente de nuestra voluntad. A veces nos sentimos atraídos por alguien sin saber la razón, incluso cuando no queremos que se establezca el contacto. A muchas parejas que han encontrado el amor verdadero les gusta contar cómo, en su primer contacto, uno de los dos no halló nada atractivo en el otro, aunque ambos sintieron que había una misteriosa afinidad entre ellos. Ahora bien, todos los que sienten que han conocido el amor verdadero declaran que estar juntos no fue ni fácil ni sencillo. Seguramente, esto desconcertará a más de uno, ya que nuestras fantasías sobre el verdadero amor lo presentan justamente como algo sencillo y fácil.

Solemos pensar que el amor verdadero es intensamente placentero y romántico, lleno de dicha y de luz. Pero la verdad es que requiere esfuerzo. El poeta Rainer Maria Rilke hizo esta sabia observación:

> La gente ha malentendido, como tantas otras cosas, la posición del amor en la vida; lo ha convertido en juego y pasatiempo, porque se creía que el juego y la diversión proporcionan más felicidad que el trabajo, pero no hay nada más dichoso que el trabajo; y el amor, justamente por ser la suprema felicidad, no puede ser sino trabajo.

La esencia del verdadero amor es el reconocimiento mutuo de dos individuos que se ven a sí mismos como realmente son. Todos sabemos que normalmente, cuando conocemos a alguien que nos gusta, intentamos presentar nuestro mejor lado, cuando no un falso yo, porque estamos convencidos de que la persona que nos interesa encontrará esa ficción más atractiva. Pero cuando aflora nuestra verdadera personalidad, cuando ya no podemos comportarnos de manera impecable y seguir con la máscara puesta, viene la decepción. A toro pasado —cuando ya se han herido sentimientos y roto corazones—, uno se da cuenta de que todo era una película, que no tenemos ni idea de quién es el hombre o la mujer que amamos. Hemos visto lo que querían que viéramos, no lo que realmente eran.

El amor verdadero es algo distinto. Cuando aparece, uno se siente en contacto con la identidad más íntima del otro. Implicarse en una relación así es aterrador, porque eres consciente de que ya no puedes esconderte. La otra persona nos conoce. Cuanto más nos desafía este amor a crecer y cambiar, más completa es la felicidad que sentimos. Como dice Eric Butterworth:

> El amor verdadero es una especie de intuición que nos permite ver a una persona en su totalidad —aceptando sin reservas la forma en que se presenta—, sin engañarnos sobre sus cualidades potenciales y las que muestra realmente. El verdadero amor acepta al otro tal como es en esos momentos, sin condiciones, pero con el compromiso firme y sincero de ayudarle a alcanzar sus objetivos de realización personal, que el amante percibe a veces mejor que la persona amada.

Todos sabemos que amar significa simplemente aceptar al otro tal como es. ¿Quién no ha aprendido que no se puede cambiar al otro, que no podemos convertirlo en el objeto de amor ideal que nos gustaría que fuera? Sin embargo, cuando tomamos el camino del verdadero amor, nos comprometemos a dejarnos transformar, a dejar que la persona a la que queremos nos cambie para poder realizarnos más plenamente. Se trata de una decisión que nos pone en la senda del cambio, que se adopta por mutuo acuerdo. En todos los discursos que he escuchado sobre el tema, el punto de vista más compartido es que el verdadero amor es «incondicional». No cabe duda de que lo es, pero para que florezca de verdad es preciso que nos impliquemos continuamente en el cambio y que luchemos de un modo constructivo.

La esencia vital del verdadero amor es la voluntad de reflexionar sobre los propios actos, para luego procesar esas reflexiones y comunicarlas a la persona amada. En palabras de Welwood: «Cuando dos seres tienen una relación que involucra a su alma, quieren establecer un diálogo completo y libre y sentirse cuanto puedan en profunda comunión con el otro». En la base de un diálogo profundo siempre hay honestidad y franqueza. No hay demasiadas personas que se hayan criado en una familia donde los padres se quieren profundamente y tienen un diálogo auténtico. Ni siquiera lo vemos en la televisión o en el cine. ¿Y cómo te comunicas con un hombre al que se le ha dicho toda la vida que no debe expresar lo que siente? Los hombres que quieren amar, y no saben cómo hacerlo, deben primero encontrar su propia voz, aprender a dejar hablar a su corazón..., y luego aprender a decir la verdad. Decidir ser plenamente sincero, mostrarse sin máscaras, es arriesgado. La experiencia del verdadero amor nos da valor para asumir riesgos.

Mientras tengamos miedo al riesgo, no podremos conocer el amor. De ahí el dicho: «Amar significa dejar de tener miedo». A lo largo de la vida, nuestro corazón conecta con un montón de personas, pero la mayoría de nosotros morirá sin haber vivido nunca la experiencia del verdadero amor. No hay nada trágico en ello, pues la mayoría de la gente huye cuando el amor les llega. Como el amor arroja luz sobre aquellos aspectos de nuestra personalidad que nos gustaría negar o esconder, permitiéndonos ver con claridad y sin vergüenza quiénes somos realmente, no sorprende que muchas personas que dicen querer conocer el amor miren hacia otro lado cuando este se les presenta.

Por mucho que nuestra mente y nuestro corazón traten de huir de él, por muy tercamente que nos neguemos a creer en su magia, lo cierto es que el amor verdadero existe. Todo el mundo lo quiere, incluso aquellos que dicen haber perdido la esperanza. Sin embargo, no todos están preparados. El verdadero amor aparece solo cuando tenemos bien dispuesto el corazón. Hace unos años, en el curso de mi enfermedad, tuve que hacer frente a uno de esos momentos terroríficos en los que el médico te dice que si las pruebas dan positivo, no te queda mucho tiempo de vida. Al oír aquellas palabras, me quedé pensativa y dije para mis adentros: «No puedo morir porque no estoy preparada, aún no he conocido el amor verdadero». Fue entonces cuando decidí abrir mi corazón. Estaba lista para recibir amor. Y, efectivamente, el amor no se hizo esperar.

No fue una relación para toda la vida, y eso me costó bastante de aceptar. El sentimentalismo barato del que está impregnada toda nuestra cultura nos dice que el amor verdadero, una vez encontrado, está destinado a no terminar nunca. Pero las relaciones solo duran si los dos miembros de la pareja mantienen su compromiso con el amor. No todos pueden soportar la carga que implica el amor verdadero. Los que han sido heridos en el corazón lo evitan a toda costa porque no quieren asumir la tarea de autocuidado que es imprescindible para mantenerlo vivo y nutrirlo. Los hombres, mucho más que las mujeres, huyen del verdadero amor y escogen relaciones de las que pueden retraerse emocionalmente, si así lo desean, mientras siguen recibiendo el amor de su pareja. En el fondo, prefieren el poder antes que el amor. Para conocer y preservar el amor verdadero debemos estar dispuestos a renunciar a la voluntad de poder.

Cuando uno ha conocido el amor de verdad, su poder transformador se mantiene incluso cuando ya no está acompañado de la persona con la que ha experimentado un crecimiento y una profunda preocupación por el otro. Thomas Merton sostiene que «en el amor descubrimos nuestro verdadero ser». Muchos de nosotros no estamos preparados para aceptar nuestra auténtica naturaleza, especialmente cuando vivirla con integridad implica distanciarnos de los mundos que conocemos. Puede suceder que, al sometemos a un proceso de autocuración, durante algún tiempo nos sintamos más solos. Pero, como dice Maya Angelou a propósito de la elección de la soledad frente a la compañía de alguien que no nos enriquece el alma: «En Babilonia uno nunca está solo». El miedo a afrontar el verdadero amor puede hacer que algunos de nosotros mantengamos relaciones insatisfactorias. Ahí no estamos solos, no corremos riesgos.

Amar completa y profundamente significa exponerse al riesgo. Cuando amamos, sufrimos una transformación radical. Tal y como apunta Merton:

> El amor no solo influye en nuestra forma de pensar y actuar con los que amamos, sino que transforma toda nuestra vida. El amor auténtico es una revolución personal. El amor se apodera de tus ideas, tus deseos y tus acciones, y los suelda en una experiencia y una realidad de la vida que te convierte en una nueva persona.

A menudo estamos huyendo de esta «nueva persona». En el libro *Ilusiones*, de carácter autobiográfico, Richard Bach cuenta cómo escapó del amor y luego volvió a él. Para restaurar el amor en su vida, tuvo que asumir que era preciso sacrificarse y rendirse, abandonar la fantasiosa idea de no tener grandes necesidades emocionales y admitir la necesidad de amar y ser amado. Es necesario sacrificar nuestro viejo yo para dejarnos transformar por el amor y entregarnos a la fuerza del nuevo.

El amor en el marco de una relación sentimental nos ofrece la oportunidad única de transformarnos a nosotros mismos en un ambiente acogedor y festivo. Si no nos «enamoramos», podremos reconocer ese momento de misteriosa conexión entre nuestra alma y la de nuestra pareja como el intento del amor de hacernos volver a nuestro verdadero yo. La conexión intensa con un alma nos hace audaces y valientes. Si utilizamos esa voluntad de unión y conexión como un medio para optar por el amor y comprometernos con él, seremos capaces de amar de manera auténtica y profunda, de dar y recibir un amor duradero, un amor «más fuerte que la muerte».

CAPÍTULO 11

Duelo: amarse en la vida y en la muerte

Tenemos que grabarnos en la mente que las amistades no terminan, que hay una comunión entre todas las personas, vivas y muertas, que han amado sinceramente a Dios y se han amado unas a otras. Sabemos por experiencia cuán cierto es esto. Aquellos a los que hemos amado profundamente viven en nosotros, no solo como recuerdos sino como verdaderas presencias.

HENRI NOUWEN

El amor nos hace sentir más vivos. La vida sin amor nos hace pensar que también podríamos estar muertos, porque sin amor todo en nosotros es inmovilidad y silencio. Nada nos afecta. El concepto psicoanalítico de «muerte del alma» describe bien ese estado de muerte en vida, valiéndose de una sentencia bíblica según la cual «el que no conoce el amor está inmóvil en la muerte». Toda cultura fundada en la dominación coquetea con la muerte. De ahí la irresistible fascinación que ejerce la violencia, la errónea creencia de que es natural que el fuerte saquee al débil, que el más poderoso se aproveche del impotente. En nuestra sociedad, el culto a la muerte está tan profundamente arraigado que es un obstáculo para el amor. En su lecho de muerte, Erich Fromm le preguntó a un amigo muy querido por qué preferimos el amor a la muerte antes que el amor a la vida, por qué «la raza humana prefiere la necrofilia a la biofilia». Viniendo de Fromm era una pregunta puramente retórica, ya que él mismo se había dedicado a explicar la incapacidad de nuestra cultura para aceptar plenamente algo tan sencillo como que el amor da sentido a la vida.

A diferencia del amor, la muerte tarde o temprano nos toca a todos. Cada uno de nosotros llegará a ser, inevitablemente, testigo de la muerte de alguna persona o de su propia muerte, cuando menos en los pocos segundos en que la vida se desvanece. No estamos acostumbrados a quejarnos abierta y públicamente de una vida sin amor. En cambio, vivimos con una tremenda angustia y con un miedo enorme la inevitabilidad de la muerte. No podemos excluir tampoco que el culto a la muerte, evidenciado en las imágenes que se difunden a diario en televisión, sea un intento de silenciar ese miedo, de superarlo, de tranquilizarnos. Thomas Merton escribe sobre el significado de la muerte en la cultura contemporánea:

> El psicoanálisis nos ha enseñado algo sobre el deseo de muerte que impregna el mundo moderno. Hemos descubierto que nuestra sociedad del bienestar es adicta al amor a la muerte. [...] En una sociedad así, por muchas declaraciones oficiales que se hagan sobre los valores humanos, cada vez que se puede elegir entre lo que está vivo y lo que está muerto, entre el hombre y el dinero, o el hombre y el poder, o el hombre y las bombas, la elección recae siempre en la muerte, porque la muerte es el fin, o el propósito, de la vida.

Así pues, la obsesión por la muerte que caracteriza a nuestra civilización consume energías que podrían dedicarse al arte del amor.

El culto a la muerte es un componente central del pensamiento patriarcal, independientemente de quién —hombres o mujeres— lo exprese. Algunos teólogos ven el fracaso de la religión como una de las razones por las que nuestra cultura continúa poniendo la muerte en su centro. Tal y como explica Matthew Fox en *La bendición original*: «La civilización occidental ha preferido el amor a la muerte antes que el amor a la vida en la misma medida en que sus tradiciones religiosas han preferido la redención a la creación, el pecado al éxtasis y la introspección individual a la conciencia y la comprensión cósmicas». Fueron sobre todo las perspectivas patriarcales las que dieron forma a la enseñanza y la práctica de la religión. En los últimos años ha habido un cambio en estas enseñanzas en pro de una espiritualidad enraizada en la creación y que afirma la vida. Fox lo llama «la vía positiva»: «Si no tenemos un conocimiento sólido de los poderes de la creación, nos convertiremos en individuos aburridos y violentos. Seremos necrófilos enamorados de la muerte y de su poder». Solo podemos abandonar el culto a la muerte desafiando al patriarcado, creando paz, trabajando por la justicia y adoptando una ética de amor.

Irónicamente, el culto a la muerte como estrategia para enfrentarnos al miedo inconfesado a sus poderes, en lugar de proporcionarnos un alivio genuino, genera en nosotros una profunda angustia. Cuanto más nos exponemos al espectáculo de las muertes sin sentido, la violencia gratuita y la crueldad, más asustados estamos en nuestra vida diaria. No podemos recibir a los extraños con amor, porque les tenemos miedo. Creemos que son mensajeros de la muerte que quieren quitarnos la vida. Este miedo irracional es una manifestación de locura, siempre que entendamos por locura la pérdida de contacto con la realidad. Aunque es más probable que sea alguien que conocemos, y no un extraño, quien nos haga daño, tenemos miedo a lo desconocido, a todo lo que no nos es familiar. Este miedo trae consigo una fuerte paranoia y una preocupación obsesiva por la seguridad. En Estados Unidos, por ejemplo, los barrios «protegidos» por vallas, verjas o muros están en alza. A pesar de la presencia de guardias armados en la entrada, las casas están blindadas y equipadas con complicados sistemas de alarma. Los estadounidenses gastan más de treinta mil millones de dólares al año en seguridad. Un día estaba alojada en casa de unos amigos que vivían en uno de esos vecindarios, y quise saber si todos aquellos dispositivos los utilizaban para defenderse de un peligro real. Su respuesta fue «no exactamente», porque es el miedo al peligro, más que el peligro real, lo que genera esa obsesión rayana en la locura.

Esta locura es ahora un fenómeno social: todos podríamos contar infinidad de historias sobre cómo está presente en el día a día de cada uno. Un hombre blanco adulto, por ejemplo, oye sonar el timbre y, al abrir la puerta, se encuentra con un joven asiático. Por parte del desconocido, que simplemente se ha perdido y busca la dirección correcta, no ha habido ningún gesto de agresión u hostilidad, pero el hombre blanco, convencido de que está protegiendo su vida y lo que es suyo, lo mata de un disparo. Este es un ejemplo extraído de la vida cotidiana. Aquí la verdadera amenaza está en el propietario de la casa, cuyas arraigadas ideas sobre la supremacía de la raza blanca, el capitalismo y el patriarcado no le permiten reaccionar de forma racional.

La supremacía blanca le enseñó que todos los negros o asiáticos constituyen una amenaza, independientemente de su comportamiento. El capitalismo le ha enseñado que su propiedad puede y debe ser protegida a toda costa. El patriarcado le ha enseñado que debe demostrar su virilidad venciendo el miedo con agresividad, que sería poco masculino hacer preguntas antes de pasar a la acción. Posteriormente, los medios de comunicación informaron de la noticia con ligereza, hablando en tono distendido y casi satisfecho, como si no hubiera ocurrido ninguna tragedia, como si el sacrificio de una vida joven fuera necesario para defender el valor de la propiedad y el honor patriarcal de los blancos. Se anima a los espectadores a sentir simpatía por el hombre adulto y blanco, porque a fin de cuentas solo había cometido un error. Nada se dice del hecho de que ese error haya causado la muerte de un joven inocente; la historia se cuenta de manera que los espectadores puedan identificarse con la persona que cometió un error haciendo lo que todos nosotros haríamos para «proteger nuestra propiedad de una posible amenaza». Así es como se presenta en los medios el culto a la muerte.

Aunque en la televisión la muerte está presente constantemente, no estamos preparados para lidiar con la muerte con calma, lucidez y tranquilidad. El culto a la muerte, si se basa en el miedo, no nos permite vivir una vida plena y agradable. Tal y como apunta Merton:

> Si nos obsesiona la idea de que la muerte está aguardándonos, presta a lanzarnos su guadaña, la muerte no parecerá por ello más real, sino que será la vida la que pierda entidad. Nuestra vida se divide y se vuelve contra sí misma. Se convierte en un campo de batalla entre el amor y el miedo a sí misma. Así es como la muerte entra en acción en medio de la existencia, no como una conclusión, sino como un miedo a la vida.

Para vivir una existencia plena debemos deshacernos del miedo a la muerte, que solo puede ser superado por el amor a la vida. La creencia de que es peligroso estar demasiado satisfecho, que es imprudente ser optimista, tiene una larga tradición en Estados Unidos; de ahí nuestra dificultad para celebrar la vida, para enseñar a nuestros hijos y a nosotros mismos a amarla.

Mucha gente solo empieza a amar la vida cuando se enfrenta a una enfermedad mortal. Cuando mi vida estuvo en peligro, yo misma saqué fuerzas de la adversidad y me propuse afrontar la falta de amor que arrastraba en mi existencia. Muchos de los libros actuales sobre la muerte y el acto de morir hacen hincapié en la necesidad de aprender a amar. El amor nos permite convertir el culto a la muerte en una celebración de la vida. En una carta dirigida a un gran amor de mi vida (y nunca enviada), escribí lo siguiente:

> *En el funeral de su hermana, una amiga mía declaró que «la muerte nos permite amarla plenamente». Es mucho más fácil para nosotros aceptar la pérdida de un ser querido, o de un amigo, cuando sabemos que le hemos dado todo lo que pudimos, cuando hemos compartido ese reconocimiento mutuo y esa pertenencia recíproca en el amor que la muerte nunca puede cambiar o borrar. Doy gracias cada día por haber conocido un amor que me permite aceptar la muerte sin miedo a lo que aún nos falta por vivir, sin una sensación de arrepentimiento incontenible. Fuiste tú quien me dio este regalo. Lo guardo celosamente. Nada puede cambiar su valor, porque sigue siendo precioso.*

Eso es justamente lo que hace el amor: nos permite vivir plenamente y morir bien. La muerte, entonces, en lugar de ser el final, es parte de la vida.

En *La rueda de la vida*, publicada poco después de su muerte, Elisabeth Kübler-Ross cuenta cómo comprendió que la muerte puede ser enfrentada sin temor:

> En los albores de lo que luego se vendría a llamar «tanatología», o estudio de la muerte, mi mejor maestra fue una mujer negra del personal de limpieza. No recuerdo su nombre [...], pero lo que me llamó la atención en ella fue el efecto que su presencia tenía en muchos de los pacientes más graves. Cada vez que ella salía de sus habitaciones, yo apreciaba una diferencia notable en la actitud de esos enfermos. Quise conocer su secreto. Muerta de curiosidad, acabé espiando a esta mujer, que no había terminado siquiera los estudios secundarios, pero que conocía un gran secreto.

El secreto de aquella mujer, que Elisabeth Kübler-Ross fue capaz de descubrir, es que debemos entablar una relación amistosa con la muerte y dejar que se convierta en nuestra guía en la vida, yendo a su encuentro sin miedo. Aquella limpiadora negra que en el curso de su vida había superado infinitas dificultades y visto morir prematuramente a muchos seres queridos, entraba en las habitaciones de los enfermos con algo muy importante: la capacidad de hablar claramente y sin miedo de la muerte. Este ángel sin nombre le enseñó a Kübler-Ross la lección más preciosa de su vida cuando le dijo: «La muerte no es una desconocida para mí. Es ya una vieja conocida». Se necesita valor para entrar en una relación familiar con la muerte, y es un valor que se obtiene por medio del amor.

El miedo de nuestra sociedad a la muerte es una enfermedad del corazón que solo se puede curar con amor. Muchas personas se enfrentan a la muerte con desesperación, porque se dan cuenta de que no han vivido como les hubiera gustado. Nunca han encontrado su «verdadero yo», o no han encontrado el yo que anhelaban con todas sus fuerzas. A veces, la perspectiva de la muerte las hace quererse como nunca lo han hecho en su vida, aceptándose a sí mismas con ese amor incondicional que es el núcleo esencial del amor propio. En el prefacio de *La muerte íntima*, Marie de Hennezel cuenta cómo la forma en que uno se enfrenta a la muerte puede ayudarle a lograr una autorrealización más completa:

> Cuando llega el momento de la soledad última, cuando el cuerpo cede en el umbral del infinito, comienza a fluir un tiempo diferente que no puede ser medido según ningún parámetro normal. Con el paso de los días sucede algo: ayudado por la presencia de un amigo al que puede expresar su desesperación y su dolor, el moribundo toma posesión de su vida y se abre a la verdad. Descubre la libertad de ser fiel a sí mismo.

Este tardío reconocimiento del poder del amor representa un momento de éxtasis. Seríamos afortunados si pudiéramos sentir su poder a cada instante, y no solo cuando nuestro tiempo está llegando a su fin.

Cuando amas todos los días, no necesitas la amenaza de una muerte segura para ser fiel a ti mismo. Si vivimos conscientemente, con claridad en la mente y el corazón, no nos resultará difícil aceptar la idea de la muerte y, por lo tanto, viviremos con mayor plenitud sabiendo que la parca está siempre rondándonos. Para ninguno de nosotros la muerte es una extraña. Nuestra primera morada, el útero materno, es también una tumba donde aguardamos el comienzo de la vida. Nuestra primera experiencia vital es un momento de resurrección, una salida de la oscuridad para emerger a la luz. Cuando vemos a un bebé salir del útero sabemos que estamos asistiendo a algo milagroso.

Sin embargo, no se tarda mucho en olvidar la mágica armonía que hay en el tránsito de la muerte a la vida, y pronto la muerte se convierte en el tránsito que queremos evitar. A nuestro país le resulta cada vez más difícil escapar a la muerte. Aunque la esperanza de vida se ha alargado, la muerte está presente como nunca antes, porque son muchas las enfermedades mortales que se llevan a nuestros seres queridos, amigos, conocidos, a menudo a una edad temprana. Pero, aun así, nuestra cultura se resiste a admitir la perenne presencia de la muerte en nuestras vidas, y nadie quiere dejarse guiar por la conciencia de su presencia.

Cuando era niña, mi madre hablaba con serenidad sobre la muerte. Cada vez que mis hermanos y yo nos hacíamos los remolones y posponíamos algo que podíamos haber hecho ese día para la mañana siguiente, ella nos recordaba que «la vida no está asegurada». Era su manera de empujarnos a vivir la vida al máximo, para que no tuviéramos que arrepentirnos después. Siempre me sorprende que en una charla con amigos o con personas no muy conocidas haya quien considere que hablar de la muerte es cosa de pesimistas o de morbosos. La muerte está entre nosotros. Verla siempre como algo negativo es no ser consciente de su capacidad para dar más sentido a cada momento de la vida.

Por fortuna, los médicos y psicólogos que trabajan con enfermos terminales nos enseñan a afrontar la realidad de la muerte y a hablar de ella para que no se convierta en un tema tabú. Por lo general preferimos no hablar de nuestra necesidad de amar y ser amados, porque tememos que nuestras palabras sean interpretadas como un signo de debilidad o de fracaso, y lo mismo sucede con la muerte y el acto de morir. No debería sorprendernos que, como comunidad, seamos incapaces de lidiar con el significado del duelo. Si a los moribundos se los mantiene aislados para que solo un círculo íntimo pueda asistir al momento final, quienes sufren por el difunto se ven obligados a manifestar su dolor solamente en privado, en lugares a los que solo acceden ellos. El duelo prolongado es particularmente perturbador en una cultura que ofrece un rápido remedio para cualquier sufrimiento. A veces pienso que, aunque sé muy bien que estamos rodeados de dolor, no veo ningún signo manifiesto de ello. Nos han enseñado que es vergonzoso regodearse en el sufrimiento. En realidad, es como una mancha en la ropa, que mancilla y aniquila la perfección. Aferrarse al dolor, sentir el deseo de expresarlo, supone estar fuera de onda, pues en la vida moderna el dolor es un lastre inútil.

El amor no sabe lo que es la vergüenza. Amar significa estar abierto al dolor, aceptarlo, aunque sea una pena infinita. El amor nos hace experimentar el dolor de otra manera, ya que nos ayuda a superar el miedo y, por tanto, nos guía en el sufrimiento. Cuando perdemos a un ser querido podemos llorarlo sin vergüenza. Puesto que el compromiso es un aspecto importante del amor, los que aman deben mantener siempre sus vínculos, tanto en la vida como en la muerte. El duelo, la capacidad de llorar la pérdida de las personas amadas, es una expresión de este compromiso, una forma de comunicación y de comunión. Pero en una sociedad como la nuestra, que tiende a negar la alquimia emocional de la pena, decir que el dolor es una manifestación del amor no basta para clarificar las cosas. La sospecha con la que se mira el dolor intenso surge en buena medida de un temor: creemos que, al darle rienda suelta, nos veremos sobrepasados y ya no seremos capaces de seguir viviendo. Pero ese es un miedo infundado. Cuando llega a lo más hondo, la pena es fuego para el corazón, un calor que conforta y consuela. De hecho, si no se la deja fluir, se enquista en el corazón como una bomba, que suelta cargas de dolor y sufrimiento, tanto en el cuerpo como en el ánimo. Si no somos capaces de aceptar la pérdida de un ser querido, el dolor no nos dará tregua.

El amor nos invita a llorar a los muertos en un rito que es a la vez duelo y celebración. Al expresar el luto, ponemos a disposición de los demás nuestro conocimiento íntimo del difunto, de su vida y sus actos. Honramos su presencia reconociendo el legado que nos dejó. Si nos servimos del dolor para experimentar más intensamente el amor por quienes han muerto, por quienes están a punto de morir, por quienes siguen en la vida, ya no tendremos que reprimirlo.

Hacia el final de su brillante carrera, Elisabeth Kübler-Ross llegó a convencerse de que la muerte no existe realmente, que tan solo nos separamos del cuerpo para adoptar una forma diferente. Para ella la muerte no era un fin, sino un nuevo comienzo, tal como sostienen quienes creen en la resurrección, en la reencarnación o en la vida ultraterrena. Estas concepciones, por muy esclarecedoras que sean, no cambian el hecho de que con la muerte abandonamos la vida en la tierra. El amor es la única fuerza que nos permite seguir unidos a otra persona incluso más allá de la muerte. Por eso aprender a amar significa también aprender a morir, como dice Elizabeth Barrett Browning en su soneto «I shall but love thee better after death» («Solo puedo amarte mejor después de la muerte»), donde subraya la importancia de la memoria y la comunión con los muertos.

Olvidar a los muertos significa aceptar que el fin de la vida corporal es la muerte del espíritu. En la Biblia dice Dios: «Os he puesto delante la vida y la muerte; escoged, pues, la vida». Mantenerse ligado al espíritu, y no solo al cuerpo, es una forma de optar por la vida. Esto se puede conseguir con ayuda de rituales conmemorativos, esto es, de ceremonias en las que se evoca la presencia del espíritu de nuestros muertos y de sus gestos y hábitos cotidianos, que nos hacen sentir cerca de los seres queridos que hemos perdido. A veces evocamos a los muertos guiándonos por su sabiduría, o copiando alguno de sus rasgos característicos. Puede que el dolor esté siempre presente en nuestra vida, pero es una forma de rendir homenaje a nuestros muertos, de sentirlos cerca de nosotros.

En una sociedad como la nuestra, en la que pocos tratan de llegar al amor perfecto, el dolor se ve a menudo empañado por el arrepentimiento. Lamentamos las cosas que no hemos dicho y las que no hemos dejado claras. A veces me doy cuenta de que no estoy honrando la vida y que he olvidado que la aceptación de la muerte puede mejorar mi forma de relacionarme con el mundo; entonces me quedo pensativa un instante y me pregunto si estaría en paz conmigo misma sabiendo que dejé a un novio con malas palabras, o sin decirle lo que realmente sentía. Cada día trato de aprender a despedirme de la gente como si fuera la última vez que nos vemos. Es un hábito que cambia la forma en que hablamos e interactuamos con los demás, una manera de experimentar la vida de una forma más consciente.

La única manera de vivir «sin arrepentirse de nada», como canta Edith Piaf, es tomando conciencia del valor de una vida justa y de una actuación correcta. La conciencia de la muerte puede servir para recordarnos que el momento de hacer lo que queremos es siempre ahora, y no un futuro lejano e inimaginable. El monje budista Thich Nhat Hanh, en *Nuestra cita con la vida*, nos enseña que podemos encontrar nuestro verdadero ser viviendo plenamente en el presente:

> Volver al presente significa estar en contacto con la vida. Uno puede encontrar la vida solo en el momento presente, porque «el pasado ya no existe» y «el futuro aún no ha llegado». [...] Nuestra cita con la vida tiene lugar en el momento presente. Nuestra cita se encuentra aquí, en este mismo lugar.

Viviendo en una sociedad que continuamente nos impulsa a hacer planes para el futuro, resulta muy difícil desarrollar la capacidad de «estar aquí y ahora».

Cuando vivimos enteramente en el presente, cuando nos damos cuenta de que la muerte nos acompaña siempre, y no solo en el momento en que respiramos por última vez, los acontecimientos sobre los que no tenemos control —la pérdida del trabajo, el rechazo de un posible compañero, la pérdida de un viejo amigo— dejan de tener en nosotros efectos devastadores. Thich Nhat Hanh nos recuerda que «todo lo que buscamos solo puede encontrarse en el presente» y que «ignorar el presente para centrarse en el futuro significa abandonar lo esencial para aferrarse a una sombra». Estar aquí y ahora no implica no hacer proyectos, sino dedicar una energía limitada a los proyectos futuros y, una vez realizados, no darles demasiada importancia. A veces puede ser útil poner por escrito nuestros planes para el futuro y luego guardarlos, para que queden fuera de la vista y de la mente.

Aceptar la muerte con amor significa aceptar la posibilidad de que acontezcan cosas inesperadas sobre las que no tenemos control. El amor nos fortalece y nos da la capacidad de rendirnos. No tenemos que vivir siempre con la preocupación constante por alcanzar nuestros objetivos. La muerte siempre está ahí para recordarnos que nuestros planes están sujetos a cambios. A medida que aprendemos a amar, aprendemos a aceptar el cambio. Sin cambio no es posible crecer. Nuestra voluntad de crecer en espíritu y verdad depende de nuestra forma de afrontar la vida y la muerte, de que estemos listos para escoger la vida.

CAPÍTULO 12

Curación: el amor que redime

Hemos sido marcados con Su sello, así que estamos destinados a sufrir por amor. Pero el ardor de este amor supera con creces cualquier sufrimiento que podamos experimentar, porque el sufrimiento termina, pero el amor es para siempre.

TESSA BIELECKI

El amor cura. Cuando hemos sido heridos en el corazón, no se nos ocurre pensar que el amor realmente tiene el poder de cambiarlo todo. Sin embargo, sea lo que sea lo que nos haya sucedido, cuando abrimos nuestro corazón al amor podemos vivir como si hubiéramos renacido, sin olvidar el pasado, pero viéndolo de una manera nueva y dejándolo vivir en nuestro interior de una manera diferente. Actuaremos entonces pensando que el pasado ya no puede hacernos sufrir. Y si amamos y fuimos amados en otro tiempo, siempre podremos volver a experimentar el bienestar de antaño, aunque quizá con alguna que otra herida en el corazón. La reflexión sobre el pasado nos permite recomponer los fragmentos de un corazón roto. Así es como comienza el proceso de curación.

Contrariamente a lo que nos han enseñado, el sufrimiento innecesario causado por otro sí que causa dolor, pero no necesariamente deja una cicatriz indeleble. Nos marca, ciertamente; ahora bien, la huella que deje depende de la forma en que lo asumamos. En *La próxima vez, el fuego*, James Baldwin habla del sufrimiento que hay en todo proceso de superación y dice al respecto: «No quiero ser sentimental en lo que toca al sufrimiento, pero estoy convencido de que los que son incapaces de sufrir no crecen nunca, no llegan a conocerse a sí mismos». El crecimiento, después de todo, es el proceso en que aprendemos a asumir la responsabilidad de nuestros actos. Crecer, entonces, es incorporar a la vida un amor que cure.

El corazón y la mente tienen una capacidad inagotable de regeneración, porque nuestro espíritu tiene siempre fuerza para renovarse, para salir restaurado. Cada vez que conozco a alguien que no ha pasado una infancia traumática, marcada por el sufrimiento y la falta de amor, doy gracias al cielo, pues son justamente ese tipo de personas las que me recuerdan que para sentir con toda el alma no es necesario haber pasado por experiencias terribles como el maltrato y el abuso. Tarde o temprano, todo el mundo tiene que enfrentarse al dolor, ya sea físico o emocional: una enfermedad inesperada, la pérdida de un ser querido, etc. Son sufrimientos de los que no podemos escapar, que no dependen de nuestra voluntad. El dolor que recorre la vida no es un signo de disfunción. En todas las familias hay dolor, y no por eso son disfuncionales. Así como es importante para el bienestar colectivo que se registren y se sigan registrando las anomalías de las familias desestructuradas, es igualmente importante que se resalte y valore el hecho de que en otros núcleos familiares no haya disfunciones.

Si no somos capaces de imaginar un mundo en el que la familia es un espacio lleno de amor, y no algo disfuncional, acabaremos condenándola a ser única y exclusivamente un espacio de padecimiento. En las familias funcionales, los individuos también tienen conflictos, contradicciones, momentos de infelicidad y de dolor; la diferencia radica en la forma en que se tratan y resuelven los problemas, en la forma en que los miembros de la familia se enfrentan a los momentos de crisis. Las familias sanas resuelven los conflictos sin recurrir a la coacción, la violencia y la humillación. Si, colectivamente, diéramos más importancia al amor en nuestra sociedad, las familias donde reina ese sentimiento estarían más representadas en los medios de comunicación. Se harían más visibles en todos los aspectos de la vida cotidiana. Y quizás entonces prestaríamos tanta atención a su desarrollo sin trastornos como a las historias de violencia, dolor y abuso que caracterizan a las familias desestructuradas. Cuando esto ocurra, la felicidad de las familias funcionales será parte de la conciencia colectiva.

En *La familia*, John Bradshaw propone la siguiente definición:

> Una familia sana y funcional es aquella en la que todos sus miembros, y las relaciones que mantienen, son perfectamente funcionales. Cada uno de ellos saca partido de todo su potencial humano y lo utiliza para colaborar con los demás, así como para identificar y alcanzar sus propios objetivos y los del resto del núcleo familiar. Una familia funcional es el terreno en el que los individuos pueden crecer y convertirse en seres humanos maduros.

En la familia funcional, se aprende a tener autoestima y se promueve la autonomía, manteniendo a un tiempo el vínculo con la unidad familiar.

Mucho antes de que se utilizaran los términos «funcional» y «disfuncional» para identificar a las familias, los individuos que habían sufrido algún trauma en la infancia ya sabían a qué tipo de familia pertenecían, porque arrastraban un profundo sufrimiento que los había acompañado hasta la edad adulta. Lo que los mantenía atrapados en esos traumas no era tanto el sufrimiento como la conducta autodestructiva y la incapacidad de ser leales a sí mismos. Muchos de nosotros éramos incapaces de encontrar una salida. No podíamos curarnos porque no sabíamos cómo restañar las heridas. Lo único que hacíamos era caer en conductas inadecuadas o poco saludables, para a continuación ser presas de la depresión y de un dolor insoportable. Queríamos que alguien nos salvara porque no sabíamos cómo hacerlo nosotros mismos. En tales casos no es raro que se acabe llevando una vida peligrosa y que se desarrolle alguna forma de adicción que impida vivir en paz con uno mismo. Como en cualquier otro tipo de adicción, soltar amarras y aferrarse al bienestar personal habría sido la única forma de salir y curarse.

A lo largo de la vida he tomado diversos caminos a este respecto. Cuando tomé la senda del amor, me sorprendió que las disfunciones que había sufrido hasta entonces se manifestaran tan rápido. En la iglesia siempre había oído decir que nadie puede salvar a nadie, que somos nosotros quienes debemos salvarnos a nosotros mismos. En la novela *The Salt Eaters*, de Toni Cade Bambara, se convoca a varias ancianas, algunas de ellas curanderas, para que ayuden a una joven que ha intentado suicidarse y le dicen: «Tienes que estar segura, querida, tienes que pensar si realmente quieres curarte, porque sentirse bien no es nada fácil. Más bien es una carga muy pesada». El hecho de optar conscientemente por la salvación no implica que no se necesite ayuda y apoyo cuando surgen problemas. Lo único que debe hacer la persona es asumir la responsabilidad del propio bienestar, admitir que está herida y abrirse a la idea de la salvación. Al abrir su corazón podrá recibir la ayuda que nos brindan los que se preocupan por nosotros.

Todos queremos conocer el amor, pero hablamos del verdadero amor como si fuera una búsqueda solitaria. En muchos libros *New Age* y en nuestra sociedad en general, se pone mucho énfasis en el individuo, lo cual me molesta. Cada vez que cuento que quiero tener pareja, siempre hay quien me dice que puedo estar muy bien sola, que no necesito un compañero y/o seres queridos para sentirme completa, que lo importante es sentirse bien en el interior. Aunque es indudable que uno puede sentirse íntimamente satisfecho y realizado sin tener ninguna relación sentimental, es igualmente cierto que dar voz a ese deseo de comunión es importante. El amor propio, por grande que sea, no es suficiente: una vida sin conexión amorosa con los demás sería mucho menos satisfactoria.

En todas las partes del mundo, los individuos viven en contacto estrecho con los demás. Se lavan, comen y duermen con otras personas, y juntos afrontan desafíos y comparten alegrías y penas. La figura del individuo aguerrido que no depende de nadie solamente puede existir en una sociedad fundada en el poder, donde unos pocos privilegiados poseen todos los recursos, mientras que muchos no tienen ni para comer. El culto al individualismo es en parte responsable del narcisismo que aflige a nuestra sociedad.

A los occidentales que visitan los países subdesarrollados les llama la atención el fuerte espíritu comunitario que caracteriza a unas poblaciones que, aunque son pobres de solemnidad, albergan una profunda generosidad en su corazón. No es casualidad que muchos de los maestros espirituales que existen en nuestra floreciente sociedad, de un individualismo despiadado, procedan de culturas que dan más valor a la interdependencia y el interés por el bien colectivo que a la independencia y el beneficio individual.

Si términos como «codependencia» indican acertadamente que una dependencia excesiva puede ser perjudicial, sobre todo cuando va acompañada de una tendencia a la adicción, debemos considerar también que existe una «interdependencia» sana. Ninguna organización muestra mejor este principio que Alcohólicos Anónimos. Los millones de personas adscritas a AA encuentran en las reuniones de exalcohólicos un ambiente propicio para la curación, donde se expresan valores positivos. Esta comunidad ofrece a los participantes un buen ejemplo de la aceptación, la preocupación, la conciencia y la responsabilidad que conlleva el amor. Es muy raro, si no imposible, que alguien se cure en estado de aislamiento. La curación es un acto comunitario.

Algunos encuentran este espacio de curación en la comunión con almas similares a la suya; otros en la comunión con Dios. Santa Teresa de Jesús encontró reconocimiento, consuelo y felicidad en la unión con lo divino:

> ¿Pensáis que importa poco para un alma derramada entender esta verdad y ver que no ha menester para hablar con su Padre Eterno ir al cielo ni para regalarse con Él, ni ha menester hablar a voces? Por paso que hable, está tan cerca que nos oirá; ni ha menester alas para ir a buscarle, sino ponerse en soledad y mirarle dentro de sí y no extrañarse de tan buen huésped; sino con grande humildad hablarle como a padre.

En la oración, es la palabra la que cura. El hecho de que se escriban libros sobre el consuelo que brinda la oración es un signo evidente de la crisis espiritual que sufrimos en nuestros días. Todas las tradiciones religiosas reconocen que buscar lo sagrado a través de las palabras de la liturgia tradicional, a través de la oración y el canto, proporciona alivio y consuelo al ser humano. Yo rezo todos los días, y para mí es como una especie de vigilancia sobre mi espíritu. Las plegarias fortalecen el alma. En contacto con lo divino, soy consciente de los límites del pensamiento y la voluntad humana. De ese modo se fortalece mi fe y me siento más segura.

La oración puede ser un momento de confesión. Se dice que «la confesión es buena para el alma», y en cierto modo así es. De hecho, nos permite reflexionar sobre nuestros pecados, sobre aquello en lo que nos comportamos mal. Al entender las circunstancias en que mostramos tales conductas asumimos nuestra responsabilidad. Como dicen Daniel Berrigan y Thich Nhat Hanh en *The Raft Is Not the Shore*, «para construir un puente de verdad tenemos primero que destruir el puente de las ilusiones». En comunión con el espíritu divino podemos asumir nuevamente nuestra responsabilidad y renovar el compromiso de esa transformación del espíritu que abre el corazón y nos prepara para el amor.

Una vez que hemos decidido curarnos por medio del amor, nos sentiremos más seguros y sentiremos la paz emocional y espiritual que tan indispensable es en la preparación de una transformación radical. Aun así, no resulta nada fácil esperar a que esta acaezca. Por eso las Sagradas Escrituras invitan a los que se han embarcado en el camino de la búsqueda espiritual a aprender a esperar, para salir aún más fuertes del proceso. Al rendirnos a la «espera», dejamos que los cambios se produzcan en nosotros, sin prisa ni esfuerzo, y afirmamos nuestra fe. Para el budismo esta actitud de entrega, de abandono, es la premisa indispensable para llegar a la compasión y, por lo tanto, a la capacidad de simpatizar con uno mismo y con todos los demás. La compasión despierta en nosotros el poder sanador del servicio y entrega a nuestros semejantes.

El amor se expresa en actos, en lo que estamos dispuestos a hacer para fortalecer nuestro crecimiento espiritual. Centrarse en la reflexión individual, la contemplación y el diálogo es vital para la curación, pero no es la única forma de encontrarse a uno mismo. Ponerse al servicio de los demás puede ser tan útil como cualquier otra práctica terapéutica. Para que nuestra intervención sea eficaz, tenemos que saber salir de nosotros mismos; solo así podremos identificar las necesidades de los demás y satisfacerlas. Cuanta más compasión sentimos, mejor entendemos cómo pasar del yo al nosotros y avanzar así en el proceso de curación.

Una compasión profunda y auténtica pone en marcha un proceso de perdón y reconocimiento de uno mismo que permite dejar atrás todo lo que dificulta la curación. La compasión abre el camino al ejercicio de la empatía sin juicios de valor. Cuando se juzga aumenta el desapego, porque ya no estamos tan dispuestos a perdonar, y de ahí que nos cueste tanto superar la culpa y la vergüenza. ¡Cuántas veces la indiferencia y el desprecio de los demás nos hacen sentir el aliento del desánimo y la humillación! La vergüenza nos rompe y nos hace más débiles, impidiéndonos alcanzar ese estado de plenitud que solo la curación nos da. Cuando perdonamos, la vergüenza y la culpa se desvanecen. En la vergüenza subyace siempre una pobre concepción de nosotros mismos. Convencidos de nuestra poca valía, nos sentimos apartados de los demás. La compasión y el perdón nos aproximan a ellos.

Al perdonar no solo nos acercamos al otro, sino que estamos reafirmando nuestra capacidad de entrega. Sin perdón no hay reconciliación posible. La compasión y el perdón nos permiten reparar el daño, sea en nosotros o en los demás. A lo largo de este proceso vamos despejando el terreno para ser capaces de ver al otro como a nosotros mismos. Como explica Casarjian en *Perdonar*:

> Hasta los más pequeños actos de perdón tienen consecuencias significativas a nivel personal. Refuerzan la confianza en uno mismo y en el potencial de los demás; ayudan a crear un clima de optimismo y esperanza, y ya no de pesimismo y derrota; hacen que uno se vea a sí mismo y a todos los demás bajo una luz diferente, como individuos fuertes que deciden, crean y aman, y no como seres egoístas, destructivos y pecadores.

Cuando hay claridad en el corazón y la mente somos capaces de experimentar alegría, de vivir con un placer inmediato y profundo en el mundo sensual que nos rodea. En uno de sus artículos, James Baldwin afirma que «ser sensual [...] es respetar y saborear el poder de la vida, la fuerza de la propia vida, que está presente en todos nuestros actos, desde la práctica del amor hasta algo tan sencillo como partir el pan». En *What is Found There?*, sus cuadernos de poesía y política, la poeta Adrienne Rich advierte del peligro que conlleva la pérdida de la sensualidad: «Tener unos sentidos bien despiertos es esencial en la lucha por la vida. No hay nada tan sencillo... y tan amenazado». El alejamiento del mundo de los sentidos es consecuencia directa del consumismo, de nuestra excesiva inclinación a adquirir productos. Por eso vivir de manera sencilla resulta tan importante para encontrarse a uno mismo. Al desprendernos de lo no esencial, al eliminar lo excesivo y confuso, sea el exceso de deseo o la acumulación de bienes y tareas que abarrotan la vida, recuperamos la capacidad de ser sensuales. Cuando el cuerpo adormecido, el cuerpo cerrado a los sentidos, sale de su letargo es como una resurrección, porque el amor es siempre más fuerte que la muerte.

El amor redime. Aunque la falta de amor sea algo tan generalizado, nada puede frenar nuestro deseo de amar ni disminuir su intensidad. Parece que el corazón siempre ha sabido que el amor ayuda a curar, atraído como está por su poder de redención. Como en todos los misterios, sentimos la acuciante llamada del amor en cualquier circunstancia, ya vivamos en la inmoralidad más absoluta o en el abismo de la desesperación. La fuerza, la tenacidad de esta llamada nos hace albergar esperanza, porque sin ella es imposible volver a la senda del amor. La esperanza, al romper la sensación de aislamiento y abrir la ventana de lo posible, nos da una razón para seguir adelante. Recuperando una actitud positiva, un estilo de vida abierto a la esperanza, el espíritu se regenera. La esperanza es el aval de nuestra fe renovada en la promesa del amor.

Empecé a pensar y escribir sobre el amor cuando me di cuenta de que en muchas personas, jóvenes y mayores, ya no había lugar para la esperanza, sino solo para el cinismo, que a mí me parece el mayor obstáculo para el amor, porque está enraizado en la duda y la desesperación. El miedo nos llena de dudas, nos paraliza y solo puede ser superado con fe y esperanza. El miedo es una traba para el amor. Si nos servimos de una sentencia que en la Biblia se repite varias veces, «en el amor no hay miedo», nos será fácil comprender por qué es preciso ser valiente tanto en el pensamiento como en la acción. Esta frase nos hace confiar en que «el amor perfecto aleja el temor», lo cual nos alivia y consuela. Nos recuerda que el miedo existe, pero que puede ser superado con ayuda de la experiencia del amor perfecto. Lo que el miedo separa o distancia, el amor lo completa. El amor perfecto es el amor que redime, el que tiene la fuerza, como el fuego alquímico, para quemar y eliminar lo impuro y dejar el alma libre.

Es significativo que la Biblia resalte que el amor expulsa el miedo «porque el miedo trae el tormento», lo cual nos recuerda que, cuando nos dejamos dominar por el miedo, nuestra vida nada en la angustia y la desazón. El amor cura y nos proporciona paz porque tiene un enorme poder de transformación. Cuando una persona ama y es amada, el miedo desaparece. Si vivimos con la conciencia de que «en el amor no hay miedo», la angustia disminuye y entonces tenemos fuerzas para penetrar en el paraíso del amor. Cuando somos capaces de entender que la entrega completa al amor regenera el alma, alcanzamos la perfección en el amor.

En nuestra sociedad, no se entiende bien el poder transformador del amor porque muchas personas creen erróneamente que el tormento y la angustia son la condición «natural» del ser humano; una idea que parece verse confirmada por los muchos hechos trágicos que acaecen en la sociedad moderna. En un mundo que vive aterrorizado por la destrucción y la violencia, es lógico que prevalezca el miedo; pero cuando uno ama no está dispuesto a ser prisionero de él. El afán de poder surge precisamente del miedo, porque el poder nos hace creer que es capaz de vencerlo y hasta de acabar con nuestra necesidad de amor.

Para volver al amor, para conocer el amor perfecto, debemos renunciar a la voluntad de poder. Si somos incapaces de renunciar al poder, si la más mínima sensación de vulnerabilidad nos hace entrar en pánico, no seremos nunca capaces de conocer el amor.

A medida que nos damos cuenta de cómo somos apartados del amor, de un amor que cura y redime, nuestra angustia se intensifica. Pero nuestro anhelo de amor se hace aún más fuerte. El espacio ocupado por el amor que nos falta es también el espacio de su posibilidad. A través del deseo, nos preparamos para recibir el amor que es como un regalo, una promesa, un paraíso en la tierra.

CAPÍTULO 13

Destino: cuando los ángeles hablan de amor

El amor es nuestro verdadero destino. El sentido de la vida no se encuentra en soledad, sino en compañía de otras personas.

Thomas Merton

La fe en el amor divino fue un consuelo para mí cuando en la niñez me sentía abrumada por la soledad y la tristeza. Saber que podía abrir mi corazón a Dios y a los ángeles me hizo sentirme menos sola. Ellos estuvieron conmigo en las terribles y oscuras noches del alma, cuando nadie me entendía. Permanecieron a mi lado, prestando oídos a mi dolor y a mi sufrimiento. No podía verlos, pero sabía que estaban ahí. Me dijeron que encontraría el amor que tanto anhelaba, me dijeron que mi alma encontraría consuelo, me hablaron al corazón en la lengua secreta de la divinidad.

Los ángeles son nuestros testigos. Son los espíritus guardianes que nos vigilan, nos protegen y nos guían a través de la vida. A veces toman forma humana. Otras veces pueden ser espíritus, invisibles, inimaginables, pero siempre están presentes. Nuestra cultura parece obsesionada con los ángeles, lo cual me parece un signo de despertar religioso. Los ángeles están en todas partes, en películas, libros y calendarios, en cortinas y tapices. Los ángeles, inmaculados y desvergonzados, son la imagen de la inocencia. Ya los imaginemos con los rostros oscuros y redondos de la tradición copta, o con la apariencia más usual de los querubines rubios y alados, son siempre mensajeros de lo divino: siempre traen noticias que alivian el corazón.

La pasión por los ángeles que impregna nuestra cultura expresa el deseo de volver a encontrar el paraíso; de regresar, en la tierra, a una época perdida de comunión y buena voluntad, cuando el corazón del hombre aún estaba intacto. Aunque las imágenes más comunes muestran a los ángeles como brillantes figuras infantiles de una dicha indecible, como mensajeros llevan el peso de nuestros sufrimientos y alegrías. A menudo se representan con rostro de niño para recordarnos que la iluminación solo llega cuando se vuelve a un estado infantil y se renace.

En nuestra imaginación, los ángeles son criaturas de luz que vuelan rápidamente hacia los cielos. Su ser, el peso de su conocimiento nunca es estático. Siempre en constante cambio, saben ver más allá de nuestro falso yo. Como poseen capacidad de penetración psíquica e intuición, ricas en la sabiduría del corazón, representan la promesa de una vida que se realiza a través de la unión del conocimiento y la responsabilidad. Guardianes del bienestar del alma, se quedan a nuestro lado y nos cuidan. La recuperación de lo angélico revela que anhelamos tomar el camino del crecimiento espiritual y volver al amor.

Fue en la iglesia donde oí de niña mis primeras historias de ángeles. En la catequesis aprendí que los ángeles, en tanto mensajeros de lo divino, son para nosotros sabios consejeros que pueden ayudarnos en nuestro camino de crecimiento. Enamorados sin reservas del espíritu humano, están ahí para ayudarnos a afrontar la realidad sin miedo. Una historia de ángeles que me impresionó entonces profundamente, y que me sigue impresionando, es la de la lucha de Jacob con el ángel cuando volvía a casa. Jacob no solo es un viejo héroe bíblico; es un hombre capaz de un amor intenso y apasionado. Tras dejar la tierra en la que se refugió cuando niño para escapar de los conflictos familiares, regresa al país donde viven sus parientes y conoce a su alma gemela, Raquel. Aunque se da cuenta inmediatamente del amor que siente por ella, solo puede unirse a ella después de un largo periodo de duro trabajo, esfuerzo y sufrimiento.

En el Génesis leemos que Jacob pasó siete años al servicio de Raquel, pero que le parecieron solo unos pocos días, pues «tanto era el amor que le profesaba». Como apunta John Sanford en *El hombre que luchó contra Dios*:

> El hecho de que Jacob fuera capaz de enamorarse prueba que durante el viaje a través del desierto se había producido en él un crecimiento psicológico. Hasta entonces, la única mujer importante en su vida había sido su madre. Mientras el individuo permanezca en la etapa de desarrollo psicológico donde la única figura femenina que cuenta es la madre, no puede madurar y convertirse en un hombre. El eros de un hombre, su capacidad de amor y de relación debe estar libre de apego a su madre y ser capaz de dirigirse a una mujer de su edad; de lo contrario, sigue siendo un individuo caprichoso, dependiente e infantil.

Aquí Sanford habla de la dependencia negativa, que no tiene nada que ver con el apego saludable. Si un hombre está positivamente unido a su madre, es capaz de establecer un vínculo equilibrado con ella, dosificando la adicción y la autonomía, y puede establecer una relación emocional similar con otras mujeres. Muchas mujeres saben que un hombre que está unido a su madre por un afecto sincero tiene más posibilidades de ser un buen amigo, un buen compañero o un buen marido que el hombre que depende claramente de su madre, de quien espera la satisfacción incondicional de todas sus necesidades. Dado que el amor sincero requiere el reconocimiento de la autonomía propia y ajena, el hombre que ha amado en la infancia ya conoce las prácticas de la sana identificación. Mientras trabaja para Raquel, tomando decisiones equivocadas y difíciles, Jacob crece y madura. Al final, cuando se unen en matrimonio, es capaz de amar a su pareja.

El encuentro con el alma gemela no significa, sin embargo, para Jacob, el final del viaje hacia la plenitud y la verdadera realización de sí mismo. Cuando Dios le dice que debe regresar a la casa de la que huyó una vez, se ve obligado a reanudar su viaje por el desierto. Los maestros espirituales suelen decir que el camino de la autorrealización y el crecimiento espiritual es arduo, que está lleno de desafíos. Normalmente lo es, pero también es muy accidentado. Muchos de nosotros creemos que nuestras dificultades terminarán cuando encontremos a nuestra alma gemela. El amor no acaba con las dificultades, sino que proporciona las herramientas para afrontarlas de forma que se fomente el crecimiento. Habiendo trabajado y esperado por amor, Jacob se ha vuelto fuerte psicológicamente y es a esa fuerza a la que recurre cuando tiene que volver al desierto para regresar a casa.

Una voz divina le dice a Jacob que debe regresar a la tierra de sus ancestros. Como hombre que ha aprendido a amar, Jacob busca instintivamente una guía. Escucha a su corazón y, cuando la respuesta llega, actúa. Como había dejado su casa, principalmente por los conflictos con su hermano Esaú, la perspectiva de regresar le asusta. Pero si quiere alcanzar la paz interior y la plena madurez, debe enfrentarse al pasado y tratar de reconciliarse con su hermano. En el largo viaje de regreso a casa Jacob está en continuo diálogo con Dios. Reza. Medita. Buscando alivio en la soledad, se levanta en mitad de la noche y llega hasta un arroyo. Allí, un ser que no sabe reconocer comienza a luchar con él. Jacob, sin saberlo, recibió un regalo: se encontró cara a cara con un ángel.

Enfrentando sus propios miedos, sus propios demonios, su propia zona gris, Jacob renunció a su deseo de seguridad. Psicológicamente entra en una noche fundamental y regresa a un espacio psíquico donde aún no está completamente despierto. Es como si hubiera vuelto al vientre de su madre y luchara por nacer de nuevo. El ángel no es un adversario que trata de quitarle la vida, sino que viene como testigo para que pueda entender que hay alegría en la lucha. Un sentimiento de calma toma el lugar del miedo. En *Néctar para el alma*, Jack Kornfield y Christina Feldman escriben que podemos elegir la serenidad en medio de la lucha:

> En este estado de calma empezamos a entender que la paz no es lo contrario de la tensión y el conflicto. Es importante que la luz no nazca donde muere la oscuridad. La paz no se encuentra en la ausencia de desafíos, sino en la capacidad de vivir las dificultades sin juicios, sin prejuicios y sin tomar posiciones. Descubrimos que tenemos la energía y la fe para curarnos a nosotros mismos y al mundo moviéndonos con corazones abiertos y dispuestos.

Abrazando a su adversario, Jacob pasa de la oscuridad a la luz. Cuando amanece, Jacob, en lugar de dejar marchar al ángel, pide y obtiene su bendición. Es significativo que no pueda recibir la bendición a menos que primero venza al miedo y abra su corazón a la gracia. Según Sanford:

> Jacob se negó a despedirse de esta experiencia hasta que supo su significado, y eso lo convirtió en un hombre de gran estatura espiritual. Aquel que se mide a sí mismo por su experiencia espiritual y psicológica y, por muy oscura y espantosa que sea, se niega a dejarla pasar hasta que descubra su significado, sigue un camino similar al de Jacob. Puede salir de esta oscura lucha y llegar al otro lado renacido, mientras que aquellos que se retiran o evaden el encuentro con la realidad espiritual no pueden ser transformados.

Debería tranquilizarnos que la bendición del ángel llega a Jacob en forma de herida. Las heridas no deben ser una fuente de vergüenza, ya que son necesarias para el crecimiento y el despertar espiritual. Recuerdo que cuando era niña leí muchas veces esta historia en mi gran Biblia para niños, y siempre me pareció extraño que ser herido pudiera ser una bendición. Para mi mente infantil, las lesiones siempre fueron algo negativo. La incapacidad de protegernos de las heridas infligidas era motivo de vergüenza. Como dicen en *Coming Out of Shame* Gershen Kaufman y Lev Raphael:

> La vergüenza es la emoción más perturbadora que podemos experimentar en nuestra persona, porque en el momento de la vergüenza nos sentimos profundamente escindidos de nosotros

mismos. La vergüenza es como una herida infligida por una mano invisible, es un signo de derrota, fracaso o rechazo. En el momento preciso en que nos sentimos más divididos, anhelamos sentirnos reunidos de nuevo con nosotros mismos.

La vergüenza nos separa tanto de nosotros mismos como de los demás y por eso es profundamente inquietante, porque niega nuestra aspiración a la integridad y la unidad. A menudo, avergonzarse de las heridas inhibe cualquier intento de curación. Muchas personas se lastiman a sí mismas, negando o eliminando la realidad de la ofensa que han sufrido. En nuestra cultura oímos hablar mucho sobre la culpa, pero no lo suficiente sobre la política de la vergüenza; sin embargo, hasta que no nos libremos de la vergüenza, no podremos considerarnos dignos de amor.

La vergüenza por las ofensas sufridas tiene a menudo su origen en la infancia. Y es justamente en la niñez cuando muchas personas aprenden por primera vez que guardar silencio sobre su dolor es una virtud. Como observa Alice Miller en *El saber proscrito*: «No tomar en serio los propios sufrimientos, trivializarlos o incluso reírse de ellos es algo que está bien visto en nuestra cultura. Es más, esa postura se considera una virtud, y muchas personas, entre las cuales me contaba yo antes, están orgullosas de su falta de sensibilidad hacia su propio destino y, sobre todo, hacia su infancia». Como hemos encontrado el valor para superar la vergüenza y hablar de las heridas que se han infectado durante nuestra vida, hoy estamos expuestos a una reacción cultural malévola, que ridiculiza cualquier discurso sobre el dolor, cualquier alusión al sufrimiento que hemos sufrido. Socavar a la persona que quiere hablar de las situaciones que la han herido y que la han convertido en víctima es una forma de humillarla. La humillación rompe el corazón.

Quienes desean recuperar su bienestar e intentan crear condiciones favorables para sí mismos saben que es importante no asumir el papel de víctima, ya sea alardeando de ello o utilizándolo como justificación para culpar a otros de sus propios problemas. Para sanar, uno debe expresar valientemente la vergüenza y el dolor. Tomar nota de las ofensas sufridas y tratar de superarlas ciertamente no significa culpar a otros, sino identificar las propias responsabilidades y las de aquellos que causaron o presenciaron nuestro sufrimiento. La confrontación constructiva nos ayuda a sanar.

La historia de la lucha con el ángel es una historia de curación, precisamente porque demuestra la inocencia de Jacob. Jacob no hizo nada para enfadar al ángel. Él no causó la pelea. No es el responsable. Y tampoco es culpa suya que haya sido herido; sin embargo, se cura en el momento en que puede aceptar su herida como una bendición y asumir la responsabilidad de sus actos.

Tarde o temprano, todos salimos lastimados. En muchos casos, las ofensas sufridas nos impiden conocer el amor. De hecho, todos llevamos con nosotros las heridas de la infancia, a través de la edad adulta, hasta la vejez. La historia de Jacob nos recuerda que, para sanar, uno debe aceptar su propia herida. Él acepta su vulnerabilidad. Kornfield y Feldman afirman que el momento en que nos toca el dolor y los «cambios impredecibles de la vida» es el momento en que podemos encontrar la salvación: «Cuando nos volvemos con el corazón abierto y la mente clara hacia nuestras sombras más negras, dejamos de resistirnos y empezamos a entender y a luchar. Para ello, debemos aprender a sentir profundamente, a abrir no tanto los ojos como los sentidos internos de la mente y el corazón». Cuando lucha con el ángel, Jacob siente una mayor conciencia de sí mismo. No escapar de la lucha le da el valor de perseverar en su viaje de regreso para afrontar los conflictos y resolverlos, en lugar de seguir viviendo apartado y aislado.

Como nación, debemos reunir todo nuestro coraje y admitir que la falta de amor que sufre nuestra sociedad es una herida. Si reconocemos el dolor que esta herida causa cuando atraviesa nuestra carne y en lo profundo de nuestra alma sentimos una inmensa angustia espiritual, la posibilidad de conversión, de cambio radical, está justo frente a nosotros. De este modo, el reconocimiento de la herida se convierte en una bendición, porque somos capaces de ocuparnos de ella, de cuidar nuestra alma, y así luego podemos estar preparados para recibir el amor que se nos ha prometido.

Los ángeles nos muestran cómo tomar el camino del amor y el bienestar. Presentándose en forma humana o como espíritu puro, guían, instruyen y protegen. Alice Miller, cuando habla del poder angélico presente en la vida de todos, lo llama el «testigo iniciado». Para ella, esta función la desempeña cualquiera que ofrezca esperanza, amor y orientación a un niño que ha sido herido y vive en una situación disfuncional. Generalmente, los que crecieron en una familia conflictiva o en un ambiente sin amor recuerdan a las personas que fueron capaces de darles simpatía, comprensión, y que quizás incluso les mostraron una salida. Hillary Clinton recuerda que su madre tuvo una «infancia muy triste», y que fueron personas que nada tenían ver con su familia las que le proporcionaron la atención y los cuidados que nunca había recibido. Desde la infancia mis ángeles han sido mis autores favoritos, los escritores cuyos libros me han ayudado a comprender la gran complejidad de la vida, cuyas obras han abierto mi corazón a la compasión, la indulgencia y la comprensión. En un libro autobiográfico titulado *Are You Somebody?*, la periodista irlandesa Nyala O'Faolain habla del poder de los libros para salvar vidas y deja claro que «si no hubiera nada más, valdría la pena vivir solo por la lectura».

Durante mi adolescencia, los escritos autobiográficos del poeta alemán Rainer Maria Rilke cambiaron radicalmente mi sentido del yo. En una época en la que me sentía excluida y no aceptada, en la que sentía que no valía nada, sus libros me hicieron ver esa condición de *outsider* como una posición de creatividad y posibilidad.

En el último capítulo de *Bone Black*, el libro en el que narro mis recuerdos de la infancia, he hablado de esta experiencia: «Rilke da sentido al desierto espiritual en el que vivo. Su libro es un mundo en el que entro y me encuentro. He leído ya muchas veces las *Cartas a un joven poeta*. Ahora me estoy ahogando, y ese libro es la balsa que me lleva sana y salva a la orilla». Este librito me lo regalaron en un retiro espiritual en el que conocí a un sacerdote que trabajaba como capellán en una escuela de la zona. Lo recuerdo como una de las personas más importantes de aquel retiro. Al sentir mi profunda desesperación, me ofreció ayuda. Era una adolescente y ya tenía la sensación de que no podía seguir viviendo. Las ideas de suicidio dominaban mis pensamientos durante la vigilia y de noche poblaban mis pesadillas. Estaba convencida de que la muerte me liberaría de la abrumadora tristeza que me oprimía.

Durante el retiro, me sentí aún más infeliz cuando escuché los testimonios de los demás. No podía entender cómo todos podían sentirse elevados por el espíritu divino cuando yo me sentía cada vez más sola, como si estuviera cayendo en un abismo sin esperanza alguna de salvación. Nunca le pregunté al padre B. qué es lo que vio en mí, ni por qué estaba yo entre los que eligió para el asesoramiento espiritual, pero me tocó el alma ofreciéndome (como hizo con todos los demás con los que entró en contacto) su capacidad de amor. En su presencia me sentí elegida, amada. Como sucede con muchos ángeles terrenales que nos visitan y tocan nuestras vidas con la fuerza de sus ideales y su beneficiosa sabiduría, nunca lo volví a ver, pero nunca mentí sobre su presencia y los regalos que me dio, regalos de amor y compasión ofrecidos sin pedir nada a cambio.

La presencia de ángeles, de espíritus angelicales, nos recuerda que hay un mundo misterioso que el intelecto y la voluntad humana son incapaces de explicar. Todos nosotros, nos consideremos o no personas «espirituales», experimentamos este misterio en nuestra vida diaria, aun cuando sea en una forma mínima. Nos encontramos en el lugar correcto en el momento adecuado, listos y dispuestos para recibir la bendición, sin saber cómo llegamos hasta ahí. A menudo, cuando recordamos los acontecimientos de nuestra vida, podemos identificar un patrón que nos permite ser conscientes de la presencia de un espíritu invisible que guía y dirige nuestros pasos.

Cuando era niña, solía pasar horas acostada en el desván hablando de la naturaleza del amor con el espíritu divino. No imaginaba entonces que un día tendría el valor de hablar de amor sin la protección de la noche y el secreto de mi corazón.

Mientras Jacob caminaba solo a lo largo del arroyo, en el silencio de mi cuarto oscuro me medí con la metafísica del amor y traté de entender su misterio. Esta lucha, similar a la lucha de Jacob con el ángel, continuó hasta que alcancé una mayor conciencia y una nueva visión del amor. Ahora entiendo que he seguido hasta hoy, con disciplina, un camino espiritual que me ha llevado a abrir el corazón, a salir en busca del amor, a hablar abiertamente con los ángeles, sin miedo.

Entender de qué maneras el miedo obstaculiza el conocimiento del amor no es tarea pequeña. Por temor a creer en las verdades del amor y a dejarnos guiar por él, exponiéndonos a nuevas traiciones, acabamos retrayéndonos del amor, aunque nuestros corazones lo anhelen intensamente. Amar no es estar a salvo de la traición, pero el amor nos ayuda a enfrentarnos a ellas sin perder el corazón, y nos permite encontrar el coraje de amar de nuevo. No importa cuán duro o terrible sea nuestro destino terrenal, si decidimos luchar contra el vacío del amor, si decidimos amar y ser amados, podremos escuchar las voces de la esperanza que nos hablan directamente al corazón, las voces de los ángeles. Cuando los ángeles hablan de amor, nos enseñan que solo amando podemos entrar en el cielo en la tierra; nos dicen que el cielo es nuestro hogar y que el amor es nuestro verdadero destino.

LIBROS CITADOS

Ackerman, Diane, *A Natural History of Love*, Nueva York, Random House, 1994 (trad. cast.: *Una historia natural del amor*, Barcelona, Anagrama, 2000).

Bielecki, Tessa, *Holy Daring,* Element Inc., 1994.

Kornfield, Jack, *A Path with Heart*, Shambhala Publications, Boulder (California), 1994 (trad. cast.: *Camino con corazón*, Barcelona, La Liebre de Marzo, 2016).

Merton, Thomas, *Love and Living*, Commonweal Publishing, Kent (Reino Unido), 1997 (trad. cast.: *Amar y vivir*, Barcelona, Oniro, 2012).

Nouwen, Henri, *The Inner Voice of Love*, Doubleday, Nueva York, 1996 (trad. cast.: *La voz interior del amor*, Boadilla del Monte, PPC, 2005).

Palmer, Parker, *The Active Life*, HarperCollins, Nueva York, 1990.

Peck, M. Scott, *The Road Less Traveled*, Simon & Schuster, Nueva York, 1978 (trad. cast.: *El camino menos transitado*, Barcelona, Vergara, 2019).

Salzberg, Sharon, *A Heart As Wide As the World*, Shambhala Publications, Boulder (California), 1997 (trad. cast.: *El corazón del mundo*, Barcelona, Oniro, 1999).

Viorst, Judith, *Necessary Losses*, Simon & Schuster, Nueva York, 1986 (trad. cast.: *Pérdidas necesarias*, Barcelona, Plaza & Janés, 1990).

Welwood, John, *Love and Awakening*, HarperCollins, Nueva York, 1996 (trad. cast.: *Amar y despertar*, Barcelona, Obelisco, 2000).

Williamson, Marianne, *The Healing of America*, Simon & Schuster, Nueva York, 1977.